Friedrich Adolf Trendelenburg

Kuno Fischer und sein Kant

Eine Entgegnung

Friedrich Adolf Trendelenburg

Kuno Fischer und sein Kant
Eine Entgegnung

ISBN/EAN: 9783743426283

Hergestellt in Europa, USA, Kanada, Australien, Japan

Cover: Foto ©Thomas Meinert / pixelio.de

Manufactured and distributed by brebook publishing software (www.brebook.com)

Friedrich Adolf Trendelenburg

Kuno Fischer und sein Kant

KUNO FISCHER UND SEIN KANT.

EINE ENTGEGNUNG

VON

ADOLF TRENDELENBURG.

VERITAS ODIUM PARIT.

LEIPZIG
VERLAG VON S. HIRZEL
1869.

1. Zwischen Kuno Fischer und mir schwebt in folgendem Zusammenhang eine wissenschaftliche Streitfrage. In der ersten Auflage seiner Logik und Metaphysik (1852) setzte Kuno Fischer in Hegels dialektischer Methode des reinen Denkens an die Stelle der gewöhnlichen Darstellung des Seins, Nichts und Werdens, welche ich in den logischen Untersuchungen einer Beurtheilung unterzogen hatte, eine neue Auffassung, und behauptete, dass meine Widerlegung nur die gewöhnliche Darstellung treffe, welche den Geist jener Begriffe nicht erreiche. Hiernach war es meine Pflicht, diesen Geist zu prüfen. Ich that es in der zweiten Auflage der logischen Untersuchungen (1862) und zeigte das Haltlose. Wirklich verschwand der neu entdeckte Geist aus der zweiten Auflage von Kuno Fischers System der Logik und Metaphysik und es erschien an seiner Stelle eine andere neue Auffassung dieser Trias von Begriffen (§ 76 ff.).

In derselben zweiten Auflage berücksichtigte Kuno Fischer die logischen Untersuchungen und fügte eine Kritik hinzu. In ihr verwundert er sich namentlich über meine Aeusserung (S. 175. vgl. S. 180), dass Kant in der transscendentalen Aesthetik zwar den apriorischen Ursprung von Raum und Zeit bewiesen, aber das a priori so genommen habe, als ob dadurch auch bewiesen sei, dass Raum und Zeit nur subjectiv seien und nicht zugleich objective Geltung haben können. Kuno Fischer erklärte es für unrichtig, dass Kant von den drei Möglichkeiten, Raum und Zeit seien entweder nur subjectiv oder nur objectiv oder subjectiv und objectiv zugleich, diese dritte Möglichkeit, welche der Vorstellung des Raumes und der Zeit einen Ursprung im Geist und eine Geltung für die Dinge zuschreibt, übersehen, und dadurch in seinem Beweise von der ausschliessenden Subjectivität dieser Anschauungsformen eine Lücke gelassen habe.

Diese Behauptung veranlasste mich zu einer genaueren Untersuchung, wie die Sache in Kant stehe, und ich legte sie im dritten Bande der von mir herausgegebenen „historischen Beiträge zur Philosophie" (1867) dar, „über eine Lücke in Kants Beweis von der ausschliessenden Subjectivität des Raumes und der Zeit, ein kritisches und antikritisches Blatt" (7. Beitrag, S. 215 ff.). Es handelt sich darin um die Frage, ob irgend ein Argument, das sich in Kant für die Subjectivität von Raum und Zeit finde, diese Anschauungsformen hindere zugleich objectiv zu sein und für die Dinge zu gelten, und es stellte sich die Verneinung deutlich heraus. In demselben Sinne prüfte ich Kuno Fischers Darstellung Kants, ob sie ein von mir übersehenes Argument mittheile; ich fand es nicht, fand aber in der Darstellung mehrere Elemente, die ich nicht für kantisch hielt und legte sie dar, indem ich namentlich den Nachweis der Stellen vermisste, aus welchen sie genommen seien. Zugleich berichtigte ich in Kuno Fischers Darstellung der logischen Untersuchungen einige Missverständnisse und widerlegte die Einwürfe. Ich that das alles ruhig und in offener Hochachtung meines Gegners.

Gegen diesen Aufsatz hat Kuno Fischer in der zweiten Auflage seiner Geschichte der neuern Philosophie (1869) geschrieben (dritter und vierter Band, Kants Vernunftkritik und deren Entstehung).

In dem eben bezeichneten Inhalt meines Aufsatzes unterscheidet sich eine Hauptfrage von zwei Nebenfragen.

Die Hauptfrage ist im Titel angegeben und geht dahin, ob Kant in seinen Beweisen die Möglichkeit ausgeschlossen habe, dass der Raum und die Zeit, die er als apriorische Anschauungsformen und insofern als subjectiv dargethan hat, auch objectiv für die Dinge gelte und in ihnen Realität habe. Da unsere heutige deutsche Philosophie von Kant ausgeht und gern zu Kant zurückkehrt, da sich jeder, der philosophischen Studien nachgeht, zunächst in Kant zu besinnen und mit Kant zu verständigen pflegt: so ist diese Frage nicht blos für die Geschichte der Philosophie, sondern auch für die philosophischen Studien der Gegenwart von grosser Bedeutung. An ihr theilen sich die Wege. Hat Kant die ausschliessende Subjectivität von Raum und Zeit streng bewiesen, so führt der Weg zum (transscendentalen) Idealismus; hat er sie nicht bewiesen und in seinen Beweisen die Möglichkeit offen gelassen, dass die Vorstellung des Raumes und der Zeit auch für die Dinge ausser uns Geltung habe: so ist der Weg frei, das Ideale im Realen zu befestigen. Daher ist diese Frage die Hauptfrage.

Es treten in dem Aufsatze zwei Nebenfragen hinzu; die eine, wie hat Kuno Fischer in seiner Darstellung Kants die Lehre von Raum und Zeit aufgefasst, und die zweite, wie verhält es sich mit seiner Kritik der logischen Untersuchungen. Die erste ist darum eine Nebenfrage, weil sie Kant nur auf Umwegen trifft und die Ansicht und Auffassung eines Historikers der Philosophie, zur kritischen Orientirung dienlich, immer uns Kant darstellt, wie er durch einen Andern durchgegangen ist. Die zweite ist an sich eine Nebenfrage und in ihr müssen sich der Aufsatz und die logischen Untersuchungen selbst helfen. Auch sind von anderer Seite Kuno Fischers Einwendungen gegen die logischen Untersuchungen kenntlich beleuchtet worden[1]) und der Leser, der an dieser Frage Theil nimmt, hat auch in dieser eingehenden Erörterung Stoff, sich ein eigenes Urtheil zu bilden.

Kuno Fischer hat die erste Nebenfrage, wie sie seinem Gegenstande zunächst lag, zum eigentlichen Thema gemacht, aber auch die Hauptfrage und die zweite Nebenfrage nebenbei berührt. Die Hauptfrage schliesst Kuno Fischer mit fol-

---

[1]) A. L. Kym: Trendelenburgs logische Untersuchungen und ihre Gegner. Erste Abhandlung. Die Streitfragen zwischen Kuno Fischer und Trendelenburg In der Zeitschrift für Philosophie und philosophische Kritik, herausgegeben von Dr. von Fichte, Dr. Ulrici, Dr. Wirth. 1869 LIV. 2. S. 261 ff.

genden Worten aus (Vorrede p. VII f.): „Da ich es hier mit der kantischen Lehre allein zu thun habe, nicht als Advocat, sondern als philosophischer Geschichtschreiber; so beachte ich hier nur diejenigen Einwürfe, die nicht gegen Kant, sondern gegen meine Darstellung der kantischen Lehre gerichtet sind." Indessen beschränkt sich Kuno Fischer in der Ausführung darauf nicht. Gelegentlich vertritt er Kant in der Hauptfrage und spricht darin, ohne Gründe anzuführen, gegen mich ab (p. XI und XII. besonders III. S. 549 f.); er nennt diese seltsame Art neutraler Stellung „nicht Advocat" sein. Allerdings giebt der Advocat Gründe. Seine eigentliche Absicht geht dahin, zu zeigen, dass seine Darstellung Kants lediglich kantische Gedanken enthalte und Hr. Trendelenburg, der darin Unkantisches gesehen, von Kant nichts verstehe (p. XI und XII, sodann III. S. 316, S. 323 f., S. 330, S. 336, S. 549). Das Letzte ist gleichgültig, aber auf den ersten Punkt kann ich mir eine Erwiederung nicht ersparen, wenn ich nicht will, dass künftig Unkantisches für kantisch gelte. Kuno Fischer spricht mit imponirender Zuversicht und lässt alle Künste der Dialektik spielen, um Unkantisches kantisch zu machen. Im Folgenden will ich an evidenten Punkten zeigen, wie es ihm gelingt, und lasse das Nebensächliche und trete in keins der Wortgefechte ein. Darnach übergehe ich z. B., wenn Kuno Fischer (p. IV f.) trotz des Gegenbeweises darauf besteht, dass die logischen Untersuchungen Kants transscendentale Aesthetik haben ergänzen wollen, was ein Widersinn ist, den die logischen Untersuchungen sich nicht haben zu Schulden kommen lassen. Kuno Fischer spinnt dies jedoch aus einem missverstandenen Ausdrucke heraus; was für die Sache gleichgültig ist.

2. Was die Hauptfrage betrifft, hat Kant wirklich bewiesen, dass Raum und Zeit, deren Vorstellung, von unserer sinnlichen Wahrnehmung vorausgesetzt, a priori entspringt, den Dingen nicht zukommen und keine reale Geltung haben, so ist sie in Kuno Fischers zweiter Auflage nicht weiter gefördert worden; sie steht wo sie in der ersten stand. Wer sich mit Kants Lehre irgendwie beschäftigt hat, erinnert sich,

dass das, was Kant innerhalb seiner Lehre empirische Objectivität nennt (Anwendung auf Erscheinungen), gerade durch die ausschliessende Subjectivität von Raum und Zeit bedingt ist und deswegen gar nicht hieher gehört. Wenn die ausschliessende Subjectivität von Raum und Zeit bewiesen ist, so ergiebt sich daraus die empirische Objectivität Kants, die Anwendung auf die lediglich durch unsere Anschauungsformen bedingten Erscheinungen, aber nicht die Geltung für die Dinge (bei Kant transscendentale Realität genannt). Kuno Fischer behauptet nun, dass Kant diese ausschliessende Subjectivität von Raum Zeit bewiesen und ihre Geltung für die Dinge unmöglich gemacht habe. „Ich hätte nie geglaubt," fügt er hinzu, „dass Jemand für diesen Sonnenaufgang der kantischen Philosophie ein Citat fordern würde. Ebenso gut könnte man sagen: beweise durch ein Citat, dass Kant gelebt hat! Ich wüsste in der gesammten kantischen Lehre, so weit sie kritisch ist, nicht einen einzigen ihr eigenthümlichen Satz ausfindig zu machen, der möglich wäre, wenn Kant — — — die transscendentale Realität von Raum und Zeit (ihre Geltung für die Dinge) nicht widerlegt hätte." (p. XII.) Ferner sagt er (p. XI): „Hätte Kant wirklich in seiner Lehre von Raum und Zeit weder an die Vereinbarkeit der subjectiven und objectiven Geltung beider gedacht noch deren Unvereinbarkeit bewiesen, so wäre die Lücke nicht blos in seinem System, sondern das ganze System wäre Lücke, und ich möchte wissen, was von diesem System noch stehen bleiben könnte und nicht mit in das grosse Loch fiele, welches einer solchen Vorstellung gegenüber die Stelle der kantischen Philosophie vertritt." Für die Lehre ist kein Citat gefordert worden; jedermann weiss, wo sie zu finden ist. Ich habe Citate d. h. Nachweise der historischen Wahrheit nur da gefordert, wo das als kantisch Vorgetragene als unkantisch erschien. Der Leser wird aus diesen beiden beredten Stellen nur ersehen, dass es sich um eine Fundamentlehre in Kant handelt, und er wird die Frage: hat Kant den Beweis dieser Lehre wirklich geführt, um so wichtiger halten; denn wenn sie nicht bewiesen ist, so bleibt ihm dieser Sonnenaufgang aus.

3. An zwei Stellen hat Kant seine Lehre von Raum und Zeit begründet, zuerst direct in der transscendentalen Aesthetik, sodann indirect durch eine aus ihr sich ergebende Folge in der Lehre von den Antinomien. Die „logischen Untersuchungen" thaten dar, dass in der transscendentalen Aesthetik, welche unwiderleglich die Anschauung von Raum und Zeit als apriorische und darum subjective Voraussetzung unserer Sinneserkenntniss bewiesen hat, kein Argument vorhanden sei, das diese Anschauungen des Raumes und der Zeit hindere, auch für die Dinge zu gelten (I. S. 156 ff. nach der zweiten Ausgabe). Bis dahin ist kein Beweis dagegen versucht oder wenigstens kein Gegenbeweis mir bekannt geworden, auch von Kuno Fischer nicht. Er lässt seine Darstellung wie sie war und geht in diesen Kern der Frage nicht ein; denn er will nicht Kants „Advocat" sein. Der Aufsatz in den historischen Beiträgen der Philosophie untersuchte den zweiten, nämlich den indirecten Beweis Kants, der aus der Auflösung der Antinomien als einer Folge der transscendentalen Aesthetik geführt wird, und zeigte erstens, dass die Antinomien keine Antinomien seien und zweitens, gesetzt die Antinomien Kants wären wirklich Antinomien, so wären sie nicht dadurch gelöst, dass Raum und Zeit nur subjectiver Natur sind. Der erste Punkt ist der Hauptpunkt; denn wenn die Antinomien nicht bestehen, so besteht auch keine Lösung, welche aus der Lehre von der ausschliessenden Subjectivität des Raumes und der Zeit fliessen könnte. Der Aufsatz berief sich theils auf Schopenhauer, der in seiner Kritik der kantischen Philosophie durchgängig in der Reihe der Thesen und Antithesen die Beweise der Thesen widerlegt hat, theils versuchte er für die erste Antinomie, welche zunächst mit der transscendentalen Aesthetik zusammenhängt, die künstlichen Beweise sowohl der Thesis als der Antithesis durch eingehende Prüfung zu entkräften.

Geht nun Kuno Fischer auf diese Nachweise ein? Er tadelt mich, dass ich nur die erste Antinomie behandelt und die drei andern übergangen habe. Er belehrt mich, dass der Satz Kants: wenn die Welt ein an sich existirendes Ganze ist, so ist sie entweder endlich oder unendlich (Kr. d. r. V. 2. Aufl. S. 534), einen allgemeinern Sinn habe, als in der ersten Antinomie, und alle vier umfasse, was mindestens zweifelhaft ist, und wirft mir vor, dass ich gesagt habe, die dritte Antinomie habe mit der transscendentalen Aesthetik nichts zu schaffen, und den tiefsinnigen Zusammenhang von Freiheit und Zeit ignorire. Kuno Fischer übersieht, was auf S. 233 steht. Ich sehe dort die erste Antinomie als die für das Thema entscheidende an, aber gebe ausdrücklich zu, dass namentlich die dritte und vierte Antinomie, deren Begriffe unmittelbar in die Kategorien fallen, also der transscendentalen Logik angehören, mittelbar, inwiefern nämlich der Verstandesbegriff der Causalität das Schema der Zeit annimmt, in die transscendentale Aesthetik zurückwirken. Dies ist einleuchtend genug; denn zunächst stehen nicht Freiheit und Zeit einander gegenüber, sondern Freiheit und Causalnexus. Daher ist die Prüfung der ersten Antinomie, die unmittelbar in Raum und Zeit zurückgeht, schon entscheidend; und selbst abgesehen davon, dass zwei der von mir gebrachten Einwendungen sich auf alle vier Antinomien leicht anwenden, bedarf es nichts weiter. Kuno Fischer ist anderer Meinung und hält mir vor, dass ich mir, da es vier Antinomien giebt und ich nur die erste behandelte, drei Viertel der Schwierigkeit erspart habe. Für die Sache hilft dieser Tadel nichts. Mein Gegner vergisst, dass ich mich, ausser dem eigenen Beweis gegen die erste Antinomie, der hinreicht, auf Schopenhauers Kritik der Antinomien berief, welcher die Unhaltbarkeit der Thesen in den vier Antinomien dargethan und dadurch die Antinomien selbst aufgehoben hat; denn wo die Thesis fällt, giebt es keine Antithesis, also auch keine Antinomie mehr. Kuno Fischer hat diese Einwände gegen die vierfache Thesis nicht widerlegt. So lange sie also bestehen, ist die Sache abgemacht. Warum soll ich überhaupt noch die drei Viertel der Schwierigkeiten für Kuno Fischer übernehmen? Er sagt ja: „die Beiträge haben in der That nicht einmal die kantischen Beweise jener Sätze (der Thesis und Antithesis in der ersten Antinomie) widerlegt, geschweige deren Beweisbarkeit." Kuno Fischer sagt es.

Aber wo ist sein Beweis? Mein Gegner erspart sich hier nicht drei Viertel der Schwierigkeit, sondern die ganze. Die Anhänger der Dialektik des reinen Gedankens haben bekanntlich eine besondere Vorliebe für die Antinomien Kants, aber Vorliebe ist leicht Vorurtheil, auf jeden Fall kein Beweis. Hiernach hat Kuno Fischer für die Aufrechthaltung des Beweises, der sich aus der Auflösung der Antinomien für die ausschliessende Subjectivität von Raum und Zeit ergeben soll, nichts gethan, aber erlaubt sich abzusprechen.

Wir gewinnen an sich aus dem indirecten Beweise, der durch die Auflösung der Antinomien soll geführt sein, nichts Neues, das den Beweis der transscendentalen Aesthetik, den einzigen, den es giebt, ergänzte; und wir gewinnen, da er widerlegt ist, auch keine Bestätigung. Kuno Fischer behauptet es freilich; denn hier ist der „Sonnenaufgang der kantischen Philosophie"; aber er behauptet es ohne Beweis.

4. Wir kommen nun zu dem eigentlichen Gegenstand der Polemik, welcher oben als die erste Nebenfrage bezeichnet wurde. Hat Kuno Fischer in seiner Darstellung Kants unkantische Gedanken als kantisch aufgenommen? Nach seiner Meinung ist ihm von mir schreiendes Unrecht geschehen, da ich bei ihm Citate für solche Stellen vermisste, welche ich in seiner Darstellung für unkantisch hielt. Daher spottet er über meinen „Hunger nach Citaten", aber da Citate Nachweise urkundlicher Wahrheit sind, schäme ich mich des Hungers nicht; er spöttelt über die redliche Mühe, die ich mir gab, sie in Kant aufzufinden, ehe ich die Stellen für unkantisch erklärte, und nach seiner Meinung giebt er sie nun alle. Dass ich mir die Mühe gab, ist nicht sein Verdienst; dass ich sie mir geben musste, seine Schuld. Wer in Bausch und Bogen citirt und zwar selten mehr als ganze Schriften oder grosse Partien ganzer Schriften, entzieht sich der Controle. Wenn ich eine solche für nöthig achtete, so übernahm ich sie nicht in meinem Interesse, sondern für die Wahrheit der Wissenschaft. Selbst wenn ich in der Bezeichnung des Unkantischen hier oder dort geirrt hätte, so wäre es weniger meine Schuld, als die Schuld dessen, der Auffallendes unbelegt liess. Kuno Fischer behaup-

tet nun, dass ich nicht in einigen, sondern in allen Stücken Unrecht habe; denn in der neuen Auflage wiederholt er in allen angegriffenen Punkten seine unantastbare Darstellung. Durch eine schlichte Vergleichung ohne Dialektik und Rhetorik wünsche ich die bezeichnete Frage zur Entscheidung zu bringen, und ich hoffe zu zeigen, dass ich mich in keinem irrte. Es handelt sich also darum, ob Kants wichtige Beweise für das a priori von Raum und Zeit richtig dargestellt sind oder ob die Darstellung unkantische Elemente befasst.

5. Die logischen Untersuchungen hatten sich an die Kritik der reinen Vernunft gehalten. Sie hatten gemeint, dass es eine dreifache Möglichkeit gebe, Raum und Zeit zu betrachten, nämlich entweder Raum und Zeit seien nur subjectiv, d. h. nur in unserer Anschauung gegründet, oder sie seien objectiv, d. h. nur in den Dingen gegründet, und aus ihnen durch die Erfahrung gewonnen, oder endlich subjectiv und objectiv zugleich, d. h. die apriorische Voraussetzung aller Sinneswahrnehmung, aber zugleich für die Dinge geltend; sie meinten ferner, dass Kant an diese dritte Möglichkeit nicht gedacht und dadurch in der Anlage seines Beweises eine Lücke gelassen, in welcher möglicher Weise die Wahrheit liege. Sie bezogen dies Urtheil auf die Kritik der reinen Vernunft, von der allein in der Stelle die Rede war. Indessen berief sich Kuno Fischer auf Schriften Kants aus der vorkritischen Epoche, in welchen Aehnliches sollte enthalten sein. Ich konnte, abgesehen davon, dass sich die angegebene Disjunction in der Anlage des Beweises dort nicht findet, überhaupt weder diese *mutatio controversiae* noch diese Vermischung heterogener Schriften zugeben. Ferner schien mir es ungehörig zu sein, dass Kuno Fischer in der Darstellung der Kritik der reinen Vernunft die 11 Jahre früher geschriebene Habilitationsschrift *de mundi sensibilis atque intelligibilis formis et principiis*, die nur die Keime der Kritik der reinen Vernunft enthält, mit der transscendentalen Aesthetik vermenge. Ich machte daher auf wesentliche Unterschiede aufmerksam und bestand auf die Trennung beider Auffassungen, und meine Gründe sind wenigstens der Art, dass sie nach meines Gegners Mei-

nung einen unkundigen und oberflächlichen Leser verwirren können.

Vielleicht leisten sie mehr.

Erstens. Kuno Fischer schreibt unter der Aufschrift: die Zeit und die Denkgesetze (1. Aufl. S. 303, vgl. 2. Aufl. S. 328): „Auch die Denkgesetze, der berühmte Satz vom Widerspruch und vom Grunde, bedürfen, um begriffen (?) zu werden, der Anschauung; sie sind nichtssagend (?) ohne die Anschauung der Zeit. Kant hat diese wichtige Bemerkung schon in seiner Inauguralschrift sehr scharfsinnig gemacht. Wenn der Satz vom Widerspruch sagt: dass einem Dinge nicht zwei entgegengesetzte Prädicate, wie A und nicht-A zukommen können, so ist er selbst im Sinne der formalen Logik falsch. Er sagt, dass sie ihm nicht zugleich zukommen können. Also die Zeitbestimmung ist die Bedingung, unter der allein das Denkgesetz gilt. Und der Satz vom Grunde, wornach jede Veränderung ihre Ursache hat, diese Verknüpfung zweier Begebenheiten kann nur begriffen werden, als eine nothwendige Zeitfolge. Also ist es wiederum die Zeitbestimmung, welche das Denkgesetz erklärt". In dem Aufsatz der historischen Beiträge stellte ich indessen in Abrede, dass Kant in der Habilitationsschrift gesagt habe, die Zeitbestimmung erkläre das Denkgesetz oder die Zeit sei, wie es anderswo heisst, der vorausgesetzte Commentar der Denkgesetze. Ungeachtet der Einrede Kuno Fischers muss ich diese Behauptung fest halten. Denn die aus der Habilitationsschrift schon früher angeführte und jetzt wiederholte Stelle sagt das nicht aus. Sie spricht nur von der Anwendung der Denkgesetze, aber keineswegs von dem Princip, aus welchem allein etwas „erklärt" und „begriffen" wird. Das Princip liegt vielmehr nach der gerade entgegengesetzten Richtung als die Anwendung. Sie spricht nur von der Anwendung, für welche die Zeitbestimmung begünstigende und vorzügliche Bedingungen biete.[1]) Wie schafft nun Kuno Fischer diesen

---

[1]) *Praeterea autem tempus leges quidem rationi non dictitat, sed tamen praecipuas constituit conditiones, quibus faventibus secundum rationis leges mens notiones suas conferre possit; sic, quid sit*

Einwand aus dem Wege? In der rechtfertigenden Anmerkung verwandelt er das Wort, das er im Text schrieb und beibehielt: „es ist die Zeitbestimmung, welche das Denkgesetz erklärt", in einen dem Worte fremden Gedanken: „es ist der Satz der Unmöglichkeit oder des Widerspruchs an die Zeitbestimmung gebunden als an seine Bedingung und nur unter dieser einschränkenden und erklärenden Bedingung anwendbar". Indessen im Text, den die Anmerkung vertreten will, steht nicht: die Anwendung des Satzes der Identität oder des Widerspruchs werde durch die Zeit erklärt, sondern vielmehr das Denkgesetz selbst werde durch die Zeitbestimmung erklärt, d. h. also nach Kants Begriff der Erklärung (vgl. z. B. Kritik der Urtheilskraft 1790 S. 354): die Zeit sei das Princip, von dem sich das Denkgesetz deutlich und bestimmt ableite. Hiernach würde das Denkgesetz zu einer Folge der Zeitbestimmung und das Denkgesetz gehörte der Anschauung und nicht dem Verstande an; was augenscheinlich den Anfangsgründen der Kritik der reinen Vernunft widerspricht. Es kommt hierbei auf den präcisen Sinn des Wortes an, die Zeitbestimmung erkläre das Denkgesetz. Ich berief mich für den wirklichen Sinn auf Kants Begriff der Erklärung. Warum wird dies entscheidende Moment in der Antwort überhüpft?

Zweitens bezeichnete ich einen Unterschied, der sich bis zum Widerspruch steigert. In der Habilitationsschrift liegt nach der von Kuno Fischer angeführten Stelle (s. oben S. 10) für das Princip der Identität und des Widerspruchs die Formel zum Grunde: es ist unmöglich, dass von demselben Subjecte zugleich (*eodem tempore*) A und nicht A prädicirt werde. Aber in der Kritik der reinen Vernunft (2. Aufl. S. 191) tadelt Kant, dass in diesem Grundsatze „aus Unvorsichtigkeit und ganz unnöthiger Weise" die Zeitbestimmung eingemischt sei, und fordert daher die Formel: keinem Dinge kommt ein Prädicat zu, welches ihm widerspricht. „Der Satz des Widerspruchs",

---

impossibile, iudicare non possum, nisi de eodem subiecto eodem tempore praedicans A et non A. s. Habilitationsschrift § 15 *coroll.*

sagt Kant, „muss als ein blos logischer Grundsatz seine Aussprüche gar nicht auf die Zeitverhältnisse einschränken; daher ist eine solche Formel der Absicht desselben ganz zuwider". Wie bringt nun Kuno Fischer in diesen in die Augen springenden Unterschied, in diesen Widerspruch Uebereinstimmung? Kuno Fischer (S. 330) sagt: der Satz des Widerspruchs als ein blos logischer Grundsatz könne nur die Formel $A=A(?)$ sein, die freilich keine Zeitbestimmung brauche; sobald aber das Denkgesetz angewendet werde auf die Dinge (Erscheinungen), trete es unter die Bedingung der Zeit; und davon rede die Habilitationsschrift. Wo steht aber in Kants Kritik, dass das Denkgesetz in der Anwendung jenes zugleich wiederum aufnehmen soll? Die aus der Kritik der reinen Vernunft von mir geltend gemachte Stelle verbietet es klar genug; sie distinguirt nicht. Kant befreit die Formel, wie er ausdrücklich bemerkt, von der Einschränkung auf die Zeit; er verallgemeinert sie, und die Anwendung fällt von selbst unter dies Allgemeine. Kant sagt (S. 190 in der 2. Aufl.): der Satz des Widerspruchs heisse: keinem Dinge kommt ein Prädicat zu, welches ihm widerspricht; und dieser Satz gehöre in die Logik, weil er von Erkenntnissen, blos als Erkenntnissen überhaupt, unangesehen ihres Inhalts gelte und sage, dass der Widerspruch sie gänzlich vernichte und aufhebe. Kant stellt also den Satz des Widerspruchs in die formale Logik, deren Gesetze für die Erkenntnisse überhaupt unangesehen ihres Inhalts, unangesehen der Materie, worüber gedacht wird, gelten, und in keine andere Disciplin und Kant nimmt ihn in seine Logik (Einleitung VII) in diesem Sinne auf. Die Vertreter der formalen Logik haben dann, Kants treffender Bemerkung folgend, meistens die Formel: A ist A und A ist nicht nicht-A gewählt. Was sagt nun Kuno Fischer, der doch auf den Unterschied aufmerksam gemacht war? Er schreibt auch in der 2. Auflage seines Kant (S. 338): „Wenn der Satz vom Widerspruch blos sagt: dass einem Dinge nicht zwei entgegengesetzte Prädicate, wie A und Nicht-A, zukommen können, so ist er selbst im Sinne der formalen Logik falsch". Das ist der baare Widerspruch; Kant spricht in obiger

Stelle von der formalen Logik und sagt von ihr das gerade Gegentheil. Die formale Logik ist eben dadurch formale Logik, dass sie die Zeitbestimmung ausschliesst. Der dargethane Widerspruch ist so schreiend, dass er keine Zweideutigkeit ist. Daher hilft es nichts, dass Kuno Fischer ihn durch Kants Lehre von der „Amphibolie der Reflexionsbegriffe" decken will. Diese Betrachtung zieht von der Sache ab und mag diesen oder jenen blenden, der in Kant nicht weiter liest. Aber der Leser überzeugt sich auch aus Kuno Fischers eigener Darstellung (III. S. 445 ff.) leicht, dass es sich in der „Amphibolie der Reflexionsbegriffe" um etwas ganz anderes handelt, als darum, einen Doppelsinn in dem obersten Denkgesetz zu gestatten (vgl. Kant, Kritik der reinen Vernunft: von der Amphibolie der Reflexionsbegriffe, namentlich Einstimmung und Widerstreit, S. 320 f. in der zweiten Auflage).

Hiernach ist der fundamentale Irrthum der Darstellung von Neuem nachgewiesen, auf welchem sich, wie wir sehen werden, andere aufbauen. Aber Kuno Fischer beharrt auf ihm und besteht darauf, die Habilitationsschrift, die 11 Jahre vor der Kritik der reinen Vernunft erschien, mit der transscendentalen Aesthetik derselben zu vermengen.

Ehe wir weitergehen, fassen wir das Ergebniss zusammen:
1. es ist unrichtig und unkantisch, dass die Zeitbestimmung das Denkgesetz erkläre, d. h. das Princip seiner Möglichkeit sei. Kant sagt dies auch in der Habilitationsschrift nicht.
2. es ist unrichtig und widerspricht der Kritik der reinen Vernunft, die Habilitationsschrift in die transscendentale Aesthetik hineinzuziehen. Denn die Auffassung des obersten Denkgesetzes in der Habilitationsschrift widerspricht der Auffassung desselben in der Kritik der reinen Vernunft.
6. Wir kommen nun zu der Darstellung der „metaphysischen Erörterung" Kants von Raum und Zeit. Sie enthält den eigentlichen Beweis für die Subjectivität derselben und ist für die oben bezeichnete Hauptfrage das wichtigste Stück.

Kant beweist zunächst negativ: Raum und Zeit sind Anschauungen, weil sie nicht Begriffe sind (nicht die Eigenschaften eines Begriffes haben). Kuno Fischer hingegen sagt nach seiner Auffassung Kants: Raum und Zeit sind Anschauungen, weil sie keine Gattungsbegriffe sind (nicht das Verhältniss von Gattungsbegriffen haben). Durch diese Differenz kommt Unkantisches in die ganze Darstellung und der Aufsatz in den historischen Beiträgen zur Philosophie legt dies in folgender Stelle dar (S. 252):

„Zur Einleitung heisst es bei Kuno Fischer" (S. 298 in der ersten, S. 321 in der zweiten Auflage): „Die Vorstellung des einzelnen Dinges ist Anschauung, die der Gattung ist Begriff", und im Sinne dieser Unterscheidung wird von ihm dargethan, dass der Raum kein Gattungsbegriff sei. Diesen Ausdruck des Gattungsbegriffes, der in der Darstellung nach verschiedenen Seiten ausgesponnen wird, lesen wir bei Kant in seinen Argumenten nicht. Kant würde nie anerkennen, was doch als kantisch gegeben wird: „Die Gattung will von den einzelnen Dingen abstrahirt, aus deren gemeinschaftlichen Merkmalen zusammengefasst, mit einem Worte begriffen sein." Denn Kant weiss sehr wohl, dass es Gattungsbegriffe giebt, die nicht abstrahirt, nicht aus den gemeinschaftlichen Merkmalen der Dinge zusammengesetzt sind, z. B. der Gattungsbegriff Parallelogramm, Kreis, die Zahl vier. Der Unterschied ist ja schon (1763) in der Untersuchung über die Deutlichkeit der Grundsätze der natürlichen Theologie und der Moral erörtert und ist gerade die nächste Folge der transscendentalen Aesthetik. Kant hat nicht Begriff und Gattungsvorstellung gleich gesetzt. Vorsichtiger sagt er (Kritik der reinen Vernunft S. 377): der Begriff sei eine Erkenntniss, die sich mittelbar vermittelst eines Merkmals, was mehreren Dingen gemein sein könne, auf den Gegenstand bezieht".

„Kuno Fischer, Kant darstellend, fährt nun fort: „Jeder Gattungsbegriff ist, verglichen mit dem einzelnen Dinge, eine Theilvorstellung desselben, ein Bruchtheil seiner Merkmale, ein Nenner, der immer kleiner ist als der Zähler. Cäsar ist Mensch, er ist es seiner Gattung nach: das sagt der Nenner. Aber wie viel hat Cäsar als dieser Mensch, dieser einzige, unvergleichliche, der er war, mehr in sich, als jene Merkmale, die er mit dem letzten seiner Gattung gemein hat!

Um wie viel ist dieses Individuum mehr als blos der Ausdruck seiner Gattung! Dass er Cäsar war, sagt der Zähler. Um wie viel ist hier der Zähler grösser als der Nenner!" „Raum und Zeit wären Gattungsbegriffe, wenn sie Theilvorstellungen wären, Merkmale von Räumen und Zeiten." Bis ein Citat, das ich vermisse, mich eines Bessern belehrt, halte ich diese Stelle für unkantisch; denn sie ist unrichtig gedacht, indem sie alle Gattungsbegriffe zu Merkmalen und alle Merkmale eines Begriffs zu Gattungsbegriffen macht, und sie spielt in Bildern und verwerthet Bilder zu Folgerungen, als wenn sie der eigentliche Begriff wären, was schwerlich Kants Art ist. Kant, der in der Logik (III. S. 228 nach der Ausgabe von Rosenkranz) ausführlich von den Merkmalen handelt und sie als Theilvorstellungen bezeichnet, sofern sie als Erkenntnissgrund der ganzen Vorstellung betrachtet werden, bezeichnet sie dort nicht, vielleicht nirgends schlechthin als Gattungsbegriffe. Viele Merkmale sind Thätigkeitsbegriffe und lassen sich daher meistens nur künstlich zu Gattungen machen, wenn anders die Gattungen im eigentlichen Sinne genommen werden. Es ist nicht kantisch — ich kenne keine Stelle der Art und vermisse das Citat — gesetzt auch dass der Gattungsbegriff an die Stelle des Merkmals treten könnte, jeden Gattungsbegriff, weil er als Merkmal Theilvorstellung ist, als einen Bruchtheil seiner Merkmale zu bezeichnen; denn der Begriff des Bruchtheils setzt eine gleiche Theilung voraus, und ebenso ist es schwerlich kantisch, das Bild des Bruchtheils sogar fortzusetzen und den Gattungsbegriff als Theilvorstellung den Nenner zu heissen, der immer kleiner als der Zähler ist, da diese Betrachtung in eine dem Begriff unangemessene, wenn nicht unklare, quantitative Bestimmung führt, wie eine solche auch in der Stelle vorliegt, „Cäsar ist Mensch, das sagt der Nenner — — — Dass er Cäsar war, sagt der Zähler, um wie viel ist hier der Zähler grösser, als der Nenner!" Hier schlägt ausserdem das Verhältniss von Subject zu Prädicat (Cäsar ist ein Mensch) in das Verhältniss von Zähler und Nenner um. Das kann nicht kantisch sein. Wenn der Vergleich aus Leibniz stammen sollte, der die Merkmale als Factoren vorstellte, und den Begriff als Product ihrer Wechselwirkung und insofern in den Charakteren seiner Universalsprache jedes Merkmal als Divisor (s. Beiträge III. S. 22 ff., vgl. logische Untersuchungen I. S. 21 f.): so würde doch auch Leibniz das abnorme Verhältniss, in welches diese Metapher in der obigen Stelle ausgewachsen ist, nicht anerkennen können."

„Kuno Fischer fährt, Kant darstellend, weiter fort: „Raum und Zeit wären Gattungsbegriffe, wenn sie Theilvorstellungen wären, Merkmale von Räumen und Zeiten. Aber es ist umgekehrt: sie sind nicht Theilvorstellungen, sondern das Ganze. Hier ist der Nenner immer grösser als der Zähler. Der Raum enthält alle Räume, die Zeit enthält alle Zeiten in sich: sie sind nicht Theilvorstellungen, also nicht Gattungsbegriffe". In Kant habe ich dies Argument nicht gefunden und ich vermisse das Citat; ich halte es auch darum nicht für kantisch, weil es, formal geprüft, den Fehler einer *quaternio terminorum* enthält. „Der Schluss, nackt ausgedrückt, lautet so: alle Merkmale sind Theile, aber der Raum ist das Ganze (kein Theil), also ist der Raum kein Merkmal, und, inwiefern nach der obigen Annahme jedes Merkmal Gattungsbegriff ist, der Raum kein Gattungsbegriff. In diesem Schluss spielt, abgesehen von allen andern Schwierigkeiten, in Theil und Ganzem eine Doppelheit des Begriffs, eine Homonymie; denn das Merkmal ist ein Theil eines Begriffs, also ein Theil, logisch genommen, in Gedanken aufgefasst; aber der Raum ist das Ganze, sinnlich genommen. Durch diesen Doppelsinn reisst das Band, das der Schluss im Mittelbegriff, dem Begriff Theil, zu knüpfen gedachte, entzwei".

In dieser Stelle meines Aufsatzes trifft der Zweifel, ob Kant kantisch wiedergegeben sei, fünf Punkte:

a) es ist unrichtig und unkantisch, im Beweis statt des Begriffs den Gattungsbegriff zum Grunde zu legen.

b) es ist unrichtig und unkantisch, dass alle Merkmale eines Begriffs Gattungsbegriffe sind.

c) es ist unrichtig und unkantisch, dass jede Gattung von den einzelnen Dingen abstrahirt und aus deren einzelnen Merkmalen zusammengefasst ist.

d) es ist unrichtig und unkantisch, den Gattungsbegriff als einen Bruchtheil der Merkmale eines Dinges, als einen Nenner zu betrachten, der immer kleiner ist, als der Zähler.

e) es ist unrichtig und unkantisch, den Beweis in einen Syllogismus zusammenzufassen, in welchem das Verhältniss vom Theil zum Ganzen den Mittelbegriff bildet, weil in ihm der Beweis durch eine *quaternio terminorum* entzwei reisst, sich also in einen Fehlschluss auflöst.

Wir betrachten nun, ob Kuno Fischer diese Einwürfe entkräftet und seine Auffassung als richtig und kantisch darthut.

a) Der erste Punkt, die Anknüpfung an den Gattungsbegriff statt an den Begriff überhaupt, ist wichtig, weil auf ihn die andern folgenden Punkte zurückgehen. Er kann nur durch den Nachweis des Urkundlichen erledigt werden. Es handelt sich hier nicht um den Buchstaben, in welchem Sinne Kuno Fischer gern die Forderung von Citaten ansehen möchte; es handelt sich um eine Quelle von Irrthümern; denn in der ganzen Darstellung dieses Beweises geht von dieser Verwandlung des Begriffs in Gattungsbegriff alles Unkantische aus. Kuno Fischer hat keine Stelle Kants beigebracht, aus welcher sich diese Abänderung des Begriffs in Gattungsbegriff auch nur von Ferne rechtfertigte; aber er beharrt auf ihr dessen ungeachtet.

b) Es ist unrichtig und unkantisch, dass alle Merkmale eines Begriffs Gattungsbegriffe sind. Das Unrichtige wurde von mir in der oben ausgezogenen Stelle aus der Sache bewiesen. „Viele Merkmale sind Thätigkeitsbegriffe und lassen sich daher nur künstlich zu Gattungen machen, wenn anders die Gattungen im eigentlichen Sinne genommen werden" d. h. Arten unter sich begreifen. Ebensowenig wird man solche Begriffe, wie z. B. den Begriff der Identität, Gattungsbegriffe nennen. Man könnte es nur in einem gezwungenen Sinne. In der Anmerkung (Seite 322 ff.) hat Kuno Fischer zur Widerlegung dieses sachlichen Einwandes nichts gethan. Aber es bedurfte auch dessen nicht, wenn er nur als Historiker darthat, dass der angefochtene Satz kantisch sei. Kuno Fischer bezeichnet als die hieher gehörige Hauptstelle eine

Stelle aus dem Beweise über den Raum; die Stelle: „nun muss man zwar einen jeden Begriff als eine Vorstellung denken, die in einer unendlichen Menge von verschiedenen möglichen Vorstellungen als ihr gemeinschaftliches Merkmal enthalten ist." Weder das Wort noch der Sinn des Gattungsbegriffes findet sich in dieser Stelle. Das Erste sieht jeder; das Zweite ergiebt sich aus dem Begriff der Gattung. Kant sagt in der Logik (§. 10): „Der höhere Begriff heisst in Rücksicht seines niedern Gattung *(genus)*; der niedere in Ansehung seines höhern Art *(species)*." Es giebt also keine Gattung ohne Arten. Wo mithin die unendlichen möglichen Vorstellungen, welche ein Begriff unter sich begreift, nur Individuen sind und keine Arten, da ist auch der Begriff kein Gattungsbegriff. Was in jener „Hauptstelle" gesagt ist, geht dahin, dass jeder Begriff allgemein ist und daher „in einer unendlichen Menge von verschiedenen möglichen Vorstellungen als ihr gemeinschaftliches Merkmal" enthalten ist. Kants Ausdruck „in einer unendlichen Menge von verschiedenen möglichen Vorstellungen" kann nur auf die unter den Begriff befassten Individuen gehen, nicht auf Arten, welche nicht als unendlich viele gedacht werden; allein nach Kants Logik wie nach der Logik des übereinstimmenden Sprachgebrauchs würde es in jedem Begriff der Beziehung auf die darunter begriffenen Arten bedürfen, wenn jeder Begriff Gattungsbegriff sein sollte. Gesetzt nun, dass die von meinem Gegner angeführte Stelle die „Hauptstelle" wäre, aber die Hauptstelle nicht passt, so wäre es wichtig zu wissen, wo denn die Nebenstellen stehen. Ich vermisse sie, bis sie gegeben sind, und, wenn sie gegeben sind, bis ich sie geprüft habe. Der Nachweis fehlt, aber Kuno Fischer beharrt auf dem Satz dessen ungeachtet.

c) Es ist unrichtig und unkantisch, dass jede Gattung von den einzelnen Dingen abstrahirt und aus deren einzelnen Merkmalen zusammengefasst ist. Kuno Fischer sagt dies von dem „allgemeinen Begriff oder der Gattung."

Zum Beleg, dass dies unrichtig und unkantisch sei, führte ich als Beispiele des Gegentheils den Begriff Parallelogramm, Kreis, die Zahl vier an, also allgemeine mathematische Begriffe. Kuno Fischer erwiedert wörtlich (S. 323): „Lese ich recht? Oder wollen die historischen Beiträge ihre Leser etwa hänseln (!)? Parallelogramm, Kreis, die Zahl vier sollen Gattungsbegriffe sein, sollen es nach Kant sein? Nach Kant, der ja gerade beweist, dass Grössen keine Gattungsbegriffe sind, so wenig als Raum und Zeit?" Kuno Fischer versieht sich. Wo steht das in Kant, dass Grössenbegriffe, denn von diesen ist die Rede, keine Gattungsbegriffe sein können? Kant müsste sich selbst widersprechen, wenn er das lehrte.

Wir lernten eben aus Kants Logik (§. 10): der höhere Begriff heisst in Rücksicht seines niedern Gattung, der niedere in Ansehung seines höhern Art. Nun hat der Begriff Parallelogramm Arten: Quadrat, Rechteck, Rhombus, Rhomboid sind seine Arten; also ist das Parallelogramm ein Gattungsbegriff. Es giebt Kreise von verschiedener Lage der Ebene, von verschiedener Grösse des Radius; die Zahl vier kann positiv und negativ sein. Will man beim Kreis und bei der Zahl vier die bezeichneten Unterschiede nicht für wesentlich genug erachten, um durch sie eine Art zu bilden, so lässt sich darüber streiten; aber sie bleiben doch allgemeine Begriffe. Es ist bekannt, wie schwierig es ist zu bestimmen, welche Differenzen schon für artbildende Unterschiede angesehen werden sollen und welche noch nicht, und schon darum sollte Kuno Fischer nicht so freigebig sein, jeden allgemeinen Begriff für einen Gattungsbegriff zu erklären. Wenn wirklich keine mathematischen Begriffe, wie Kuno Fischer verkündet, Gattungsbegriffe sein können, so verschwänden viele Gattungsbegriffe, die in der Mathematik evidente Arten haben, z. B. der Gattungsbegriff des Dreiecks, der Kegelschnitte, der regulären Körper. Sollten aber gar schon alle allgemeinen Begriffe Gattungsbegriffe sein und die Grössen keine Gattungsbegriffe (nach Kuno Fischers Vorstellung): so würde der ganze definirende Euklides allgemeiner Begriffe baar. Das Versehen leuchtet ein.

Ich wählte indessen die Beispiele mathematischer Begriffe (Parallelogramm, Kreis, die Zahl vier) als eine Instanz gegen einen andern Satz Kuno Fischers. Seine Worte sind: „nun sage ich von dem allgemeinen Begriff oder der Gattung, sie will von den einzelnen Dingen abstrahirt, aus deren gemeinschaftlichen Merkmalen zusammengefasst, mit Einem Worte begriffen sein. Ich sage es in Kants Sinne" (S. 323). Dies ist unrichtig gesagt. Die mathematischen Begriffe sind Begriffe aus Construction, nicht aus Abstraction. Im Kreise z. B. ist der gleiche Radius (die gleiche Entfernung aller Punkte der Peripherie vom Mittelpunkt) nicht von der Vielheit der Kreise abgezogen. Mit derselbigen sich selbst gleichen geraden Linie wird der Kreis vom Mittelpunkte aus beschrieben. Der Kreis hat daher den gleichen Radius zum Prius seiner Bildung. Das Merkmal wird hiernach durch Construction gewonnen und nicht durch Abstraction. Kants „Disciplin der reinen Vernunft im dogmatischen Gebrauche", ein Lehrstück in der Kritik der reinen Vernunft, wird hierüber keinen Zweifel lassen.

Kuno Fischer irrt noch einmal zu Ungunsten seines Gegners, indem er Folgendes formulirt (S. 323): „Kant sagt: jeder Begriff ist als gemeinschaftliches Merkmal verschiedener Vorstellungen zu denken." Hr. Trendelenburg sagt: „Kant weiss sehr wohl, dass es Begriffe giebt, die nicht als gemeinschaftliche Merkmale zu denken sind." Was Kant weiss und sagt und was Hr. Trendelenburg ihn wissen lässt, verhält sich demnach genau wie A und Nicht-A." Allein ich darf fragen, wo ich das gesagt habe, was mein gütiger Gegner mir in den Mund legt? Er versieht sich zum dritten Male. Ich schrieb deutlich (s. oben S. 10): „Kant weiss sehr wohl, dass es Gattungsbegriffe giebt, die nicht abstrahirt, nicht aus den gemeinschaftlichen Merkmalen zusammengesetzt sind" d. h. die nicht empirischen Ursprungs sind, die durch Construction und nicht durch Zusammensetzung abgezogener Merkmale entstehen, was eben nachgewiesen wurde. Also die Worte sind andere und der Sinn ist ein anderer, als mein Gegner angegeben.

Ich ziehe das Ergebniss. In dieser Erörterung ist zu dem alten Irrthum des Textes, der abermals erwiesen wurde, ein neuer der Anmerkung hinzugekommen; er heisst: es ist unrichtig und unkantisch, dass Grössenbegriffe keine Gattungsbegriffe sein können.

Ich komme der Einrede zuvor, dass mein Gegner schrieb, Grössen, nicht Grössenbegriffe; denn das ist nur eine Ungenauigkeit. In der Stelle ist nach dem Zusammenhang nicht von Grössen in individuo, sondern von Grössenbegriffen die Rede.

d) Es ist ferner unrichtig und unkantisch, den Gattungsbegriff als einen Bruchtheil der Merkmale eines Dinges, als einen Nenner zu betrachten, der immer kleiner ist als der Zähler. Die ausgesponnene schiefe Metapher verwirrt den Leser.

Kuno Fischer erwiedert wörtlich (S. 322): „Wieder ein Einwurf der „historischen Beiträge", die sich auf S. 252—256 förmlich verfangen in dem oben gebrauchten Beispiele von „Mensch und Caesar" und in der vorübergehend angewendeten Bezeichnung von „Nenner und Zähler". Es handelt sich um das begriffliche Verhältniss des Einzelnen und Allgemeinen. Da man in der Mathematik auf den Nenner den Begriff der Gattung angewendet hat in der Bezeichnung „Generalnenner", so habe ich mir erlaubt, gelegentlich dieselbe Anwendung einmal umgekehrt zu brauchen und den Begriff des Nenners auf den Gattungsbegriff anzuwenden. Der Gattungsbegriff macht verschiedene Vorstellungen gleichnamig; dasselbe thut der Generalnenner mit verschiedenen Brüchen. Warum soll ich denn nicht einmal sagen dürfen, der Gattungsbegriff bringe verschiedene Vorstellungen unter einen Generalnenner, da man sie durch ihren Gattungsbegriff wirklich mit gleichem Namen benennt? Um dieser Kleinigkeit willen war es nicht nöthig, die Geister von Kant und Leibniz zu beschwören. Ich habe die Vergleichung mit gutem Rechte und gutem Grunde gebraucht; denn es kam mir darauf an, die Begriffswerthe recht augenfällig zu bezeichnen".

Ist nun das als kantisch Gegebene kantisch oder unkantisch? sind die mit Kants Argumenten zusammengegossenen Vorstellungen echt oder unecht? Kuno Fischer sagt nicht gerade aus: der Gedanke steht in Kant nicht; aber er sagt es auf Umwegen. „Ich habe mir erlaubt, gelegentlich die Anwendung des Generalnenners einmal umgekehrt zu brauchen."

Da ich nach dem Ursprung der Metapher in Kant vergebens suchte und auf Leibniz zurückging, sagt er: „um dieser Kleinigkeit willen war es nicht nöthig, die Geister von Kant und Leibniz zu beschwören. Ich habe die Vergleichung mit gutem Recht und aus gutem Grunde gebraucht, denn es kam mir darauf an, die Begriffswerthe recht augenfällig zu bezeichnen." Hier nennt Kuno Fischer es eine Kleinigkeit, seine Vorstellung als kantisch vorzutragen und beharrt dabei bewusst. Ueberdies ist die Erfindung unglücklich, weil die Vergleichung schief ist. Bei den Brüchen zählt der Zähler gleiche Theile eines Ganzen. Sollte nun die Metapher zutreffen, so müssten die Eigenschaften, die das Subject ausser dem Gattungsbegriff hat, gleiche Theile des Gattungsbegriffs als eines Ganzen sein. Da sie es nicht sind, so wird der Vergleich, statt die Begriffswerthe augenfällig zu machen, sie vielmehr verdunkeln. Aber wo gab Kant in der metaphysischen Erörterung von Raum und Zeit zu einer Bezeichnung der Begriffswerthe, zumal in arithmetischer und insofern unlogischer Weise, Anlass? Der in der rechtfertigenden Anmerkung neu herbeigezogene Generalnenner als Gattungsnenner wird auch nicht kantisch sein. Zwei Sechstel und drei Viertel sind nicht eine Art der Gattung Zwölftel, sondern der Gattung Sechstel und Viertel; erst wenn die Sechstel und Viertel neu getheilt werden, also aufhören Sechstel und Viertel zu sein, kann man den gleichen Werth in Zwölfteln ausdrücken. Uebrigens vergisst Kuno Fischer in dieser Betrachtung, was er, wie wir sahen, verbietet; er betrachtet die Grössen als Gattungsbegriffe, was doch nach seinem Kant nicht geschehen darf. Von dem in der Anmerkung zu Hülfe gerufenen Generalnenner ahnet niemand etwas, der den Text liest. Wenn die nun gegebene Erläuterung richtig sein und daher der Leser von selbst an sie denken könnte, so müsste die Gattung als Nenner die Merkmale, welche die Vorstellung eines Dinges ausser dem Gattungsbegriff hat, gleichnamig machen. Thut sie es? Die Gattung giebt den Arten und Individuen gleichen Namen, aber nimmer den Merkmalen derselben. Die Merkmale Caesars sind, ausser dass er ein Mensch ist, einzig, unvergleichlich; Caesar ist ein Mensch, aber die Merkmale, Einzigkeit, Unvergleichlichkeit, nicht. Wo bleibt denn das Gleichnamige? So soll also ein zweiter Widersinn den ersten stützen, und was ursprünglich eine Vergleichung sein sollte, bestimmt das Dunkle zu erleuchten, ist nicht nur in sich dunkel, sondern wird durch die Erläuterung noch dunkler. Trotz dieser Widersprüche, die auf der flachen Hand liegen, lässt Kuno Fischer die unrichtige und eingestandenermassen unkantische Vorstellung als kantisch stehen.

Mein Gegner straft mich mit einiger Ironie, dass ich um solcher Sache willen nöthig befunden, die Geister von Kant und Leibniz zu beschwören. Ich gebe ihm ganz Recht, wenn er hier meine „Unsicherheit" rügen wollte. Ich hätte ihm, ohne erst in Kant zu suchen, den Widersinn auf den Kopf sagen sollen. Was thut nun aber Kuno Fischer? Sein Kant muss diesen Widersinn zum zweiten Mal in den Mund nehmen und als kritische Philosophie den Lesern vortragen.

c) Es ist endlich unrichtig und unkantisch, den Beweis in einen Syllogismus zusammenzufassen, in welchem, wie bei Kuno Fischer, das Verhältniss vom Theil zum Ganzen den Mittelbegriff bildet.

Kuno Fischer, Kant darstellend, giebt für den Beweis, dass der Raum kein Gattungsbegriff ist, folgenden Schluss: „Raum und Zeit wären Gattungsbegriffe, wenn sie Theilvorstellungen wären, Merkmale von Räumen und Zeiten. Aber es ist umgekehrt: sie sind nicht Theilvorstellungen, sondern das Ganze. Hier ist der Nenner immer grösser als der Zähler. Der Raum enthält alle Räume, die Zeit enthält alle Zeiten in sich: sie sind nicht Theilvorstellungen, also nicht Gattungsbegriffe" (S. 322). Ich bezweifelte die Echtheit dieses Gedankens und forderte den Nachweis. Kuno Fischer antwortet nun (S. 324): „Lese also Hr. Trendelenburg selbst das Argument mit Kants eigenen Worten in der schon angeführten Stelle: kein Begriff als ein solcher, kann so gedacht werden, als ob er eine unendliche Menge von Vorstellungen in sich enthielte. Gleichwohl wird der Raum so gedacht; denn alle Theile des Raumes ins Unendliche sind zugleich. Also ist die Vorstellung vom Raume Anschauung a priori und nicht Begriff." Weiter heisst es Kr. d. r. V. 1. §. 4. No. 5 „die ursprüngliche Vorstellung Zeit muss als uneingeschränkt gegeben sein. Wovon aber die Theile selbst und jede Grösse eines Gegenstandes nur durch Einschränkung bestimmt vorgestellt werden können, da muss die ganze Vorstellung nicht durch Begriffe gegeben sein (denn diese enthalten nur Theilvorstellungen), sondern es muss ihnen unmittelbare Anschauung zum Grunde liegen."

Wir bemerken den Unterschied zwischen dem Beweis, der belegt werden soll, und diesem Belege.

Erstens. Kant beginnt den Schluss: „kein Begriff als ein solcher kann so gedacht werden, dass" u. s. w. und der Schluss endet: „Also ist die Vorstellung von Raum Anschauung a priori und nicht Begriff." An die Stelle des Begriffs bei Kant setzt Kuno Fischer willkürlich Gattungsbegriff. Wir fragen, ob das eine unschuldige Vertauschung ist. Wenig Nachdenken zeigt, dass Kants Beweis dadurch zu Schaden, wenn nicht zu Falle kommt.

Da es nämlich Begriffe giebt, die man nicht wohl als Gattungsbegriffe bezeichnen kann, z. B. den Begriff der Identität, sodann die Menge der Begriffe, welche zwar Individuen, aber nicht Arten unter sich begreifen: so wäre zu wenig bewiesen, wenn Kant nur bewiesen hätte, dass Raum und Zeit keine Gattungsbegriffe sind; denn was zu beweisen, wäre von den Begriffen nicht bewiesen, welche keine Gattungsbegriffe sind. Es entstände also eine gefährliche Lücke im Beweise.

In welchen Irrthum bei Kuno Fischers Vorstellung vom Gattungsbegriff der für den Begriff überhaupt eingetauschte Gattungsbegriff leitet, ersieht man aus ihm selbst. (S. 325 der 2. Aufl.): „Wäre der Raum ein Gattungsbegriff, so müsste er abstrahirt sein von den verschiedenen Räumen, wie der Begriff Mensch abstrahirt ist von den verschiedenen Menschen" u. s. w. Wir wollen nicht abermals erinnern, dass nicht alle Begriffe wie der Begriff Mensch abstrahirt sind, z. B. die mathematischen nicht. Wir fassen vielmehr Kants wesentliche Absicht ins Auge, die Anschauungen des Raumes und der Zeit von den Kategorien, den Stammbegriffen des Verstandes, zu scheiden. Was nun Kant vom Begriff sagt, gilt auch von den Stammbegriffen des Verstandes. In Kants Beweise kann man statt „Begriff" die Art des Begriffs: Stammbegriff des Verstandes, einsetzen und es passt; denn er würde nackt ausgedrückt etwa so lauten: kein Stammbegriff des Verstandes enthält eine unendliche Menge von Vorstellungen in sich (als Inhalt); die Vorstellungen von Raum und Zeit enthalten eine unendliche Menge von Vorstellungen in sich; also sind Raum und Zeit keine Stammbegriffe des Verstandes. Wir machen dieselbe Probe mit Kuno Fischers eben angegebenem Schluss. Dann hiesse der Beweis: Wäre der Raum eine Kategorie, so müsste er abstrahirt sein von verschiedenen Räumen, wie der Begriff Mensch abstrahirt ist von den verschiedenen Menschen. Dass dies nicht passt, sieht jeder; denn kein Stammbegriff des Verstandes ist abstrahirt, er ist a priori. Durch den obigen von Kuno Fischer angelegten Beweis wird hiernach Kants vorzüglichste Absicht nicht erreicht; er kann daher nicht kantisch sein.

Dies sind die Folgen von der Beharrlichkeit im Irrthum. Kuno Fischer, obgleich an das Unkantische seiner Vorstellungen erinnert, legte sie von Neuem als kantisch auf.

Der zweite Unterschied ergiebt sich ebenso bei einer Vergleichung der von Kuno Fischer zum Beleg aus Kant angezogenen Stellen. Kuno Fischer sagt von dem Raum und der Zeit, um den Gegensatz gegen die Merkmale des Begriffs, die Theilvorstellungen sind, zu gewinnen: „der Raum und die Zeit sind nicht Theilvorstellungen, sondern das Ganze." Es ist misslich, den unendlichen Raum, die unendliche Zeit das Ganze zu nennen, da sich uns mit einem Ganzen die Vorstellung des Umgrenzten verknüpft. Kant wenigstens thut es in jener vermeintlichen Belegstelle nicht. Kant spricht zwar von der ganzen Vorstellung der Zeit im Gegensatz gegen die Vorstellung der Theile durch Einschränkung; aber das ist doch etwas Anderes, als der Satz: der Raum und die Zeit sind das Ganze.

Ein dritter Unterschied zwischen der Darstellung Kuno

Fischers und der Stelle, die zum Beleg dienen soll, zeigt sich in dem bereits besprochenen unklaren Einschiebsel „hier ist der Nenner immer grösser als der Zähler."

Viertens vergleichen wir den Begriff, der in jedem Schlusse die Hauptsache ist; wir beachten, was in Kants und was in Kuno Fischers Beweise, der der kantische sein will, den Mittelbegriff, den Terminus medius des Schlusses bilde. Der Raum, sagt Kant in der angeführten Stelle, wird so gedacht, dass seine Vorstellung eine unendliche Menge von Vorstellungen in sich enthält; denn alle Theile des Raumes ins Unendliche sind zugleich; aber kein Begriff kann so gedacht werden; also ist seine Vorstellung kein Begriff. Dasselbe gilt von dem verwandten Schluss über die Zeit, wo statt des Unendlichen das Uneingeschränkte aufgenommen ist: die Vorstellung der Zeit ist kein Begriff, weil sie uneingeschränkt, jedoch kein Begriff uneingeschränkt ist. Was in jener Stelle über die Zeit noch hinzugesetzt ist, soll schon zum Positiven, die Vorstellung der Zeit ist eine unmittelbare Anschauung, hinüberführen und gehört nicht hierher. Hiernach ist bei Kant der Terminus medius des Schlusses der Begriff der unendlichen Vorstellungen oder der verwandte Begriff des Uneingeschränkten. Wir vergleichen nun Kuno Fischers Fassung des kantischen Beweises, jene Fassung, deren urkundliche Treue durch das Citat soll belegt sein. Der Schluss seines Kant lautet nackt ausgedrückt, wie ich angab, und Kuno Fischer widerspricht dem nicht: alle Merkmale sind Theile, aber der Raum ist das Ganze (kein Theil), also ist der Raum kein Merkmal, und, inwiefern nach Kuno Fischers Annahme jedes Merkmal Gattungsbegriff ist, der Raum kein Gattungsbegriff. Hier ist der Terminus medius der Begriff Theil.

In Kants Beweis ist das Unendliche, Uneingeschränkte der Grund der Erkenntniss, in Kuno Fischers Wiedergabe das Verhältniss vom Ganzen zum Theil. Was kann verschiedener sein? Hieraus folgt, dass die mir vorgehaltene Belegstelle ungefähr das Gegentheil dessen belegt, was sie belegen soll. So leicht nimmt es mein Gegner mit den geforderten Nachweisen des Urkundlichen, mit den bespöttelten Citaten.

Oder hofft er auf Leser seines Kant, die die Vorstellung: unendlich, und die Vorstellung: Theil und Ganzes nicht unterscheiden können? Genug, bis dahin ergiebt sich aus vier wesentlichen Unterschieden, dass mein Gegner auch hier Citate angiebt, die keine sind, Nachweise urkundlicher Wahrheit, die keine sind. Wir verfolgen nun die beliebte Vertauschung des Terminus medius weiter.

Ich sah an einem sichern Kriterium, dass der von Kuno Fischer dargebotene Schluss nicht aus Kants scharfem Verstande kommen könne, und sagte darüber (Beiträge S. 255): „In Kant habe ich dies Argument nicht gefunden und ich vermisse das Citat; ich halte es auch darum nicht für kantisch, weil es, formal geprüft, den Fehler einer *quaternio terminorum* enthält. Der Schluss, nackt ausgedrückt, lautet so: alle Merkmale sind Theile, aber der Raum ist das Ganze (kein Theil), also ist der Raum kein Merkmal, und, inwiefern nach der obigen Annahme jedes Merkmal Gattungsbegriff ist, ist der Raum kein Gattungsbegriff. In diesem Schluss spielt, abgesehen von andern Schwierigkeiten, in Theil und Ganzem eine Doppelheit des Begriffs, eine Homonymie; denn das Merkmal ist ein Theil eines Begriffs, also ein Theil, logisch genommen, in Gedanken aufgefasst; aber der Raum ist das Ganze, sinnlich genommen. Durch diesen Doppelsinn reisst das Band, das der Schluss im Mittelbegriff, dem Begriff Theil, zu knüpfen gedachte, entzwei".

Kants Terminus medius ist streng, Kuno Fischers doppelsinnig; jener bindet den Schluss, dieser löst ihn auf und vernichtet den Beweis. Kuno Fischer schweigt über diesen Einwand; er bricht seine Anführung obiger Stelle gerade da ab, wo dieser Nachweis des Schlussfehlers beginnt „ich halte das Argument auch darum für nicht kantisch, weil u. s. f." (S. 324). Warum sagt mein Gegner „u. s. f."? Ist denn der Vorwurf einer *quaternio terminorum* so unbedeutend? Auf jeden Fall weiss er, was sie auf sich auf habe.

Kuno Fischer sagt in seinem System der Logik und Metaphysik (2. Aufl. §. 37 S. 67) vom falschen Schluss: „3. die

Prämissen sind unmöglich; sie sind in Wahrheit gar keine Prämissen, weil ihnen der gemeinschaftliche Begriff fehlt; sie sind schlussunfähig, weil sie in der That nicht drei, sondern vier Begriffe haben; was sie gemeinschaftlich haben, ist nicht ein Begriff, sondern ein Wort, in dem sich verschiedene Begriffe verbergen. So entsteht ein Sophisma, ein Fehlschluss (Paralogismus). Der Grund der Unmöglichkeit liegt darin, dass die beiden Prämissen nicht drei, sondern vier Begriffe haben (*quaternio terminorum*). Der Schein der Möglichkeit liegt im Wort, in der Redefigur, in der rhetorischen Form (*sophisma figurae dictionis*)".

Warum erledigte denn nicht Kuno Fischer den schweren Vorwurf eines Fehlschlusses, zumal er ihn nach obiger Stelle mit dem Vorwurf eines Sophisma für gleichbedeutend hält? An sich ist nicht jeder Fehlschluss, nicht jede *quaternio terminorum* schon sophistisch, aber unter Umständen, die ich nicht annahm noch annehmen durfte, kann die *quaternio terminorum* ein Sophisma sein. So lange dieser Fehler aus einem Versehen entspringt und dem Schliessenden verborgen bleibt, heisst er nur Fehlschluss, aber wenn er absichtlich und bewusst geschieht, so wird er zum Sophisma. Hiernach drohte wirklich seiner Darstellung Kants die Beschuldigung eines Sophisma; denn es musste ihm zum Bewusstsein gekommen sein, warum es sich handele. Dessenungeachtet erledigt er den Vorwurf nicht; sicher hätte er es gethan, wenn er es gekonnt hätte; er schweigt und legt den Fehlschluss, der nun zum Sophisma seines Kant wurde, von Neuem auf. Gewarnt druckt er alles, wie es war, von Neuem ab. Er gab als kantisch, was er als unkantisch wusste.

Endlich stiess ich am Schluss der Darstellung Kuno Fischers an. „Raum und Zeit sind Anschauungen, weil sie Einzelvorstellungen, nicht Collectiv-, sondern Singularbegriffe sind." Ich bezweifelte, dass Kant, der sich bemüht, die Vorstellung von Raum und Zeit aus dem Verbande mit den Begriffen zu lösen und sie für Anschauungen erklärte, sie irgendwo als Singularbegriffe bezeichnet habe. Ich könnte nun weitergehen, und auch bezweifeln, dass Kant irgendwo Raum und

Zeit Einzelvorstellung genannt habe, denn Raum und Zeit sind nichts Einzelnes. Ich bleibe bei dem Ersten stehen. Mein Gegner hat in seinen Anmerkungen über die Einwürfe der Beiträge aus der Kritik der reinen Vernunft — und um diese handelt es sich, weil es sich um die transscendentale Aesthetik, einen Theil derselben, handelt, — keine Stelle beigebracht; Kant wird dort einen solchen Widerspruch im Beisatz nicht begangen haben; denn in ihr haben sich die Begriffe schon geschieden, die noch in der Habilitationsschrift in einander gehen. Kuno Fischer beruft sich auf die von ihm aus dieser Schrift unter den Text gesetzte Stelle, namentlich auf die Worte: *conceptus spatii itaque est intuitus purus, cum sit conceptus singularis*. Sie zeigen indessen deutlich, dass hier *intuitus* und *conceptus* noch nicht, wie in der transscendentalen Aesthetik, Anschauung und Begriff, disjunctiv einander gegenüber stehen. Der spätere Kant, Kant in der kritischen Epoche, würde, was in der Stelle *conceptus* heisst, durch Vorstellung ausdrücken; und darnach wird weder *repraesentatio singularis*, welches Wort auf das der Anschauung Gegenwärtige geht, noch *conceptus singularis* durch Singularbegriff zu übersetzen sein. Aus diesem Grunde ist nach meiner Ansicht das Citat kein Citat und ich begehrte deutlich ein anderes. Indessen da Kuno Fischer mich auf das gegebene, in welchem offenbar die Ausdrücke unbestimmt sind, zurückverweist, will ich über Wörter nicht streiten.

7. Zuletzt prüfte ich den Abschnitt (S. 306 der ersten, S. 338 in der zweiten Ausgabe) überschrieben: Raum und Zeit als reine Anschauungen. Ich bemerkte darüber (Beiträge S. 256) Folgendes: „Von der transscendentalen Aesthetik in der Kritik der reinen Vernunft unterscheidet sich der Beweis dadurch, dass er nach Anleitung der Habilitationsschrift Kants einen indirecten Beweis ausführt. Wenn Raum und Zeit empirische Anschauungen wären, so müssten sie entweder etwas für sich bestehendes Substantielles sein oder nur Eigenschaften und Merkmale der einzelnen Objecte oder Relationen, in denen sich die Dinge zu einander verhalten. Nun sind sie keins von diesen dreien. Also keine empirische, vielmehr eine

reine Anschauung. In der umschreibenden Begründung, die als kantisch auftritt, dürfte der Leser Kants mehrfach anstossen, z. B. bei der Stelle (S. 308): „Endlich wie kann uns überhaupt der Raum gegeben sein? Er müsste doch wohl von aussen gegeben sein. Also müsste er ausser uns sein, also in einem andern Orte, in einem andern Raume als wir, und in der That nichts Ungereimteres lässt sich sagen." Ich vermisse das Citat, wo Kant einen indirecten Beweis durch: er müsste doch wohl von aussen gegeben sein, einführt, um die Möglichkeit, dass er von innen gegeben sei, bittweise auszuschliessen. Da wir ferner uns selbst im Raume wahrnehmen, z. B. mit dem Auge, mit der tastenden Hand, so ist der Schluss, „also müsste der Raum ausser uns sein, also in einem andern Orte, in einem andern Raume als wir" rein dialektisch und leer. Es lohnt sich zu wissen, wo dies in Kant steht."

In dieser Stelle habe ich nicht, wie Kuno Fischer es vorstellt (S. 335), die Anlage des Beweises, sondern die umschreibende Begründung, wie deutlich dasteht, als unkantisch in Anspruch genommen; was daher auf dem Grunde jener Voraussetzung argumentirt wird, ist nicht gegen mich geschrieben. Hingegen habe ich zweierlei eingewandt, das Eine ist mehr formaler Natur, das Andere geht den Inhalt des Beweises an.

Zunächst das Erste. Die Darstellung fragt, wie kann uns überhaupt der Raum gegeben sein? d. h. welche Möglichkeiten giebt es, wie uns die Vorstellung des Raumes gegeben sei. Solcher Möglichkeiten stellt sich Kant zwei vor. Die Vorstellung des Raumes ist entweder von aussen oder von innen gegeben, und das Letzte kann gerade in der kritischen Philosophie vom Raume gesagt werden. Daher kann es nicht als ein Zugeständniss, das sich von selbst verstehen soll, durch ein: doch wohl fortgeschafft werden. Wenn Kuno Fischer nun erklärt, es handele sich in der Stelle nur von dem Raume als Gegenstand der äussern Anschauung: so ist das etwas Anderes; er lässt dann stillschweigend das „überhaupt", das noch jetzt im Text steht, fallen; aber dann wird die ganze Frage unnütz. So lange sie heisst, wie kann überhaupt der Raum gegeben sein? bleibt der Anstoss an dem: doch wohl, und zwar nach Kuno Fischers eigener Logik. Man vergleiche den §. 37 S. 67 über die falschen Schlüsse der *petitio principii*. „Der Beweisgrund" (hier im doch wohl übergangen) „gilt nur angenommener (erschlichener) Weise". Daher ist der Einwand kein Druck auf Buchstaben und Silben. Aber Kuno Fischer sagt es (S. 336): es scheine fast, die Beiträge wollen ein Citat für die Worte „doch wohl", weil sie dieselben sperren (!); sie sollten sie in Kant selbst suchen; sie würden sie finden; das vermisste Citat sei nicht weniger als der ganze Kant, da es sich um die Möglichkeit des Raumes als empirischer Anschauung handle. „Ich hätte den Beiträgen gegönnt", sagt mein Gegner wörtlich, „da sie mir in der Sache nichts anhaben können, sich wenigstens an den Silben zu entschädigen. Aber ich kann sie auch darin nicht schadlos halten" u. s. w.

Ich frage meinen grossmüthigen Gegner bescheiden, ob er denn an dieser Stelle den zweiten Einwand, der ihm allein in der Sache etwas anhaben will, schon erledigt habe. Er hat bis dahin die Verhandlung auf einen Einwand, der nicht da war, und auf zwei Silben, auf doch wohl, über welche sich schön spotten liess, abgeleitet; desto leichter ist es, unvermerkt von der Hauptsache nicht zu sprechen. Kuno Fischer schweigt über den Vorwurf, dass sein Kant in dem Beweise rein dialektisch und leer rede. Da der urkundliche Kant an diesem Fehler nicht leidet, so wird der vorgetragene Beweis für unkantisch gelten müssen. Ich wiederhole diesen von mir angefochtenen Beweis wörtlich: „Endlich wie kann uns überhaupt der Raum gegeben sein? Er müsste doch wohl von aussen gegeben sein. Also müsste er ausser uns sein, also in einem andern Orte, in einem andern Raume als wir; und in der That nichts Ungereimteres lässt sich sagen." Wenn nach der empirischen Annahme uns der Raum von aussen gegeben wird, so empfangen wir seine Vorstellung durch dieselben Sinne, durch welche wir sehend oder tastend die Vorstellung von uns im Raume empfangen, und das Ungereimte folgt nicht. Es folgt nur, wenn man erstens dialektisch das Gegebensein in ein von aussen Gegeben sein, und dieses in die Vorstellung verwandelt, das von aussen Gegebene müsse als ein Aeusseres, also von uns Getrenntes gegeben sein und wenn man zweitens den Ort mit dem Raume verwechselt. Kant hat unmöglich so geschlossen. Wo steht denn die Stelle? Kuno Fischer sagt es nicht; denn „das vermisste Citat ist nicht weniger als der ganze Kant." Weder zeigt er, dass der Schluss kein Fehlschluss sei und jene tödtliche *quaternio terminorum* nicht enthalte, noch wo sich dieser Schluss in Kant finde. Kuno Fischer wusste, warum es sich handelte; aber er legte den Irrthum von Neuem auf. Sein Schweigen redet.

Die nachgewiesenen Entstellungen treffen die „Cardinalpunkte der kantischen Lehre", die Lehre von Raum und Zeit, jenen „Sonnenaufgang der kantischen Philosophie."

8. Ich hatte keine Pflicht, mit meiner Controle weiter zu gehen, als der Zweck der logischen Untersuchungen forderte, und keine Lust, die Nacharbeit, deren Mühseligkeit mein Gegner bespöttelt, fortzusetzen. Aber es schien mir auch genug zu sein. Wenn sich in dem Fundament des Ganzen, in welchem es vor Allem auf Genauigkeit und Schärfe ankam, solche Vermischungen von Echtem und Unechtem, solche Legirungen von Gold und Blei fanden: so fiel der Schluss für das Uebrige ungünstig aus. Ich nannte noch die Lehre vom Gewissen, in welchem mir Unkantisches aufgestossen sei. Kuno Fischer beschwert sich nun, dass ich den (in der Lehre von Raum und Zeit) grundlos vorgebrachten Einwand ins Leere verallgemeinert und auf gut Glück vergrössert habe (p. XII). Ich würde auf diesen Einspruch Reue empfinden, wenn ich mich getäuscht hätte. Wir wollen sehen.

Kuno Fischer schreibt nach der Lehre vom Gewissen (IV. 137 ff.) eine Anmerkung: „Ich berühre hier noch einmal Trendelenburgs hist. Beitr. (III. Theil), die Seite 257 in Rücksicht auf „die Lehre vom Gewissen" die Urkundlichkeit meiner Darstellung in Anspruch nehmen. Sie erklären, „es sei ihnen hier ergangen, wie in der transscendentalen Aesthetik." Wie es ihnen dort ergangen ist, wissen wir, und können nur bejahen, dass es sich in der That hier ebenso verhält wie dort

Da ich Kant nicht abschreibe, sondern seine Lehre entwickle, so müssen sich freilich bei mir viele Worte finden, die bei Kant nicht stehen; aber ich will die Lehre sehen, die ich als kantisch gebe, ohne dass sie es ist, ohne dass ich sie als solche beurkunde. Zu sagen: „ich habe die Stelle in Kant nicht auffinden können, also ist die gegebene Darstellung nicht kantisch" — ist ein formell ebenso voreiliger als ein sachlich unbegründeter und leerer Einwurf." „Hier ist die von mir citirte und hiermit wörtlich angeführte Stelle, auf deren Grund ich das Gewissen zum Beweisgrunde genommen habe für das Verhältniss des intelligibeln und empirischen Charakters, wie Kant dasselbe bestimmt. Es handelt sich hier um einen der schwierigsten und tiefsten Gedanken der ganzen kantischen Lehre, der eine erleuchtende Auseinandersetzung sowohl verdient als bedarf." Sodann führt Kuno Fischer eine schöne Stelle, die über den intelligibeln und den empirischen Charakter, über das Gewissen und die Freiheit handelt, aus Kants Kritik der praktischen Vernunft wörtlich an (nach Hartensteins Gesammtausgabe Bd. IV. S. 213—217) und schliesst mit den Worten: „Was ist nun nach diesen wörtlichen Erklärungen Kants in meiner obigen Darstellung nicht kantisch?"

Kuno Fischer vergisst, dass er in der zweiten Auflage, welche dem Leser vorliegt, Einiges, wenn auch nur Weniges, an dieser Stelle abänderte, und daher die erste Ausgabe, die mir vorlag, in Einigem anders lautete. So heisst in der ersten Ausgabe (S. 138) die Ueberschrift des Abschnittes, auf den es ankommt: „das Gewissen Ausdruck des intelligibeln Charakters im empirischen", was unkantisch ist; denn der ganze empirische Charakter mit der Vielheit seiner Handlungen ist der Ausdruck des intelligibeln als der Einheit, aber nicht das Gewissen. In diesem Sinne heisst es in der von Kuno Fischer angeführten Stelle Kants: „die Handlung mit allem Vergangenen, das sie bestimmt, gehört zu einem einzigen Phaenomen des Charakters, den das vernünftige Wesen sich selbst verschafft." (S. 139). In der zweiten Auflage lautet die Ueberschrift desselben Abschnittes (S. 133): „Nothwendigkeit und Freiheit, das Gewissen als Beweisgrund", was kantisch ist.

Die Aenderung ist richtig; aber ich sprach von dem ursprünglichen Text und konnte von keinem andern sprechen. Im Uebrigen halte ich die ganze Ausführung des Gewissens mit dem „niederschlagenden Donner der Stimme," mit der „Hölle des Bewusstseins" für unkantisch, weil für gefärbt. Die schlichte Sprache Kants gehört auch zu Kant. Es ist eine Erquickung, wenn man in dieser Partie nach der Darstellung Kuno Fischers zu dem Excerpt aus Kant kommt, der die Gedanken zwar schwerer, aber tiefer und ruhig und unscheinend ausdrückt.

Dies mag genügen, um die Beschuldigung voreiliger Schlüsse und unbegründeter Einwürfe zurückzuweisen. Ueberdies bezeugt mein Gegner indirect, dass es sich hier so verhalte, wie dort in der transscendentalen Aesthetik. Wozu bedarf es mehr?

Die deutsche Kritik mag nun das Uebrige thun. Wenn sie ihr Auge durch Glänzendes blenden liesse, so folgte sie nicht dem unbestechlichen Blicke Kants, der seiner Philosophie von der Kritik, der Scheidung des Echten und Unechten, den Namen gab. Ihre Schneide wäre stumpf geworden.

9. Eine allgemeine Bemerkung mag noch gestattet sein. Bei Kuno Fischer reden alle Philosophen in demselben Stil, in derselben Art von Frage und Antwort, in derselben Art gehäufter im Conditionalis ausgedrückter Fragen statt wirklicher indirecter Beweise, in derselben bewegten und glänzenden Sprache. Zu Spinoza und Kant passt diese Weise sie wiederzugeben am wenigsten.

Es handelt sich in dem heute vorliegenden Fall um die Einführung einer neuen Methode in die Geschichtsschreibung der Philosophie, um die sich vom urkundlichen Substrat der Stellen loslösende und das System in freierer Nachbildung wiedergebende Methode, wie es sich einst um die Einführung der dialektischen Methode des reinen Gedankens in die Philosophie handelte. Ich bin in die Kritik beider eingetreten, weil es in der Wissenschaft eine der ersten Pflichten ist, die Methode rein und streng zu halten. So möge denn aus der obigen Verhandlung die Gefahr anschaulich werden, welche aus dieser neuen Methode entspringt. Ich habe ihre idealen Ziele nie verkannt, aber sie bringt dem sie Ausübenden die Gefahr, unbewusst oder halbbewusst, eigene Vorstellungen für die thatsächlichen Gedanken der Philosophen, Unechtes für Echtes zu geben. So lange die Methode es gut heisst eigene Gedanken mit den urkundlichen und thatsächlichen der Philosophen zusammen zu giessen, so lange wird diese Fusion zu einer Confusion in der Auffassung der Leser, und das reine scharfe Bild wird verfehlt. Ueberdies wird diese Methode es kaum vermeiden können, alle Philosophen, so eigenthümlich immerhin ihre eigene Sprache ist, in Einem Stil, in einer bei allen gleichen und dadurch uniformen Manier der Ausdrucksweise reden zu lassen.

10. Ich habe die Begabung und die Vorzüge lebhaft anerkannt, die in der Weise der Arbeiten Kuno Fischers liegen, und er hat auch die Stelle, die dies bezeugt, in der Vorrede abgedruckt. Aber ich vergass einen Vorbehalt nicht: „Eine solche Gabe hat in der Literatur ohne Frage ihren Werth, **aber sie muss sich als das geben was sie ist.**" Hat die zweite Auflage diese Bedingung erfüllt? Der Leser wolle dies selbst beurtheilen. Ich nehme nichts von der Anerkennung zurück, aber Ein Wort muss ich zurücknehmen. Ich habe zu viel gesagt, da ich schrieb: Kuno Fischers Darstellung enthält eine Art selbversuchter congenialer Variationen auf kantische Gedanken. Nach dem jetzigen Stand der Sache sehe ich in dem Congenialen einen Irrthum. Wenigstens sind in den besprochenen Stellen die Variationen mit Kant weder logisch noch ethisch congenial.

Als ich über die Auffassung der ersten Auflage schrieb, hatte ich dies noch nicht erkannt. Ich hielt das Incongruente oder von Kant Abweichende, das ich deutlich als solches bezeichnete, für eine natürliche Folge einer Methode, die, um Kant frei wiederzugeben, sich von dem Substrat der Stellen loslöst, oder höchstens für einen kaum vermeidlichen Fehler einer von Kant erfüllten, Kant nachbildenden Kunst. Die Sache steht in der zweiten Auflage schlimmer.

Der Verfasser war erinnert und hatte bei der neuen Auflage die günstige Gelegenheit, statt Eigenes und Kantisches zu vermengen, Kants Gedanken als Kants und seine Gedanken als seine Gedanken zu bezeichnen. Ich hatte ihm vorgeschlagen, in einer künftigen Ausgabe die Variationen von dem Text, die eigenen Zwischengedanken und Umbildungen von Kants ursprünglicher Gestaltung zu unterscheiden. Er verschmäht diesen Weg, und zieht es vor, entweder den Beweis zu übernehmen, dass das Unkantische kantisch sei oder über den Einwurf des Unkantischen zu schweigen und er wiederholt in der neuen Auflage alles Angefochtene, alles als unecht Erwiesene wörtlich. An Einer Stelle, wo Caesar als Zähler grösser ist, als der Nenner Mensch, giebt er das als kantisch Vorgetragene als Eigenes und Unechtes zu, nennt das eine Kleinigkeit und behält die verwirrende pseudokantische Kleinigkeit bei. So stellt er hier wissentlich seine Gedanken über die Gedanken Kants. An zwei andern Stellen wird trotz seines Schweigens und gerade wegen seines Schweigens auf die Einwürfe das Urtheil jeder wissenschaftlichen Jury wider ihn ausfallen; und zwar an der einen Stelle, wo er den nachgewiesenen syllogistischen Fehler, das Kriterium des Unkantischen, auf Kant sitzen lässt und als kantisch beibehält, und ebenso an der andern Stelle, wo er, obgleich der beweisende Schluss als rein dialektisch und leer, ein anderes Kennzeichen des Unkantischen, bezeichnet und nachgewiesen wurde, dennoch schweigt und die Stelle als kantisch wieder auflegt.

Es ist meine Pflicht anzunehmen, dass mein Gegner sich diese Folgen nicht deutlich machte, und daher nun Sorge tragen wird die überführten Stellen zu berichtigen.

Die Geschichtschreibung, die für das Urkundliche und Thatsächliche das zarteste Gewissen hat, rügt die Verletzung desselben mit strengem Namen.

Eine Methode in der Geschichte der Philosophie, die frei darstellend, frei nachbildend in dieser Freiheit ein Vorrecht sucht und selten im Einzelnen Nachweise giebt, weil das Einzelne durch den Grundgedanken, den sie zu entwickeln meint, soll gehalten und gedeckt sein, hat gegen sich selbst die doppelte Pflicht der Selbstcontrole, die doppelte Pflicht, die Gedanken der Philosophen vor möglicher Interpolation zu behüten, die doppelte Pflicht, wissenschaftliche Erinnerungen, statt von der Höhe her abzuthun, zunächst doch willig zu beachten. Nach der Anerkennung der Seiten, durch welche sich Kuno Fischers Geschichte der neuern Philosophie auszeichnet, sagte ich, das Ergebniss der vorangegangenen Untersuchungen zusammenfassend: „Aber Kuno Fischers Darstelluug ist keine eigentlich historische, keine durch und durch urkundliche." In der That durfte ich sie schon damals so bezeichnen, indem ich mich nach dem Zusammenhang bei Kant hielt. Kuno Fischer empfindet nun (Vor. S. XIII f.) diesen einfachen Ausdruck des erwiesenen Thatbestandes als ein *crimen laesae maiestatis* oder malt es wenigstens so aus; er empfindet ihn, als hätte ich gesagt, er breche der Wahrheit den Hals und Schlimmeres, das ich nicht wiederhole. Es ergiebt sich heute, dass jenes Urtheil in der That ein sehr milder Ausdruck der Wahrheit ist.

Um die Nothwendigkeit zu zeigen, dass der Geschichtschreiber der Philosophie sich genauerer Nachweise aus den Schriften befleissige, erzählte ich, wie schwer es mir in dem Buche geworden, mir über Kantisches und Unkantisches Gewissheit zu verschaffen, wie ich nach dem ersten Eindruck des Unkantischen den Spuren in meiner Erinnerung nachgegangen, wieder in Kant hin- und hergelesen und endlich zu den Wörterbüchern der kantischen Philosophie gegriffen habe, bis ich habe glauben müssen, dass ich mich wirklich nicht irre, also das Unechte wirklich als unecht erkannt habe. Zugleich hoffte ich den Leser zu überzeugen, dass ich in der Untersuchung meine Schuldigkeit gethan. Aber mein Gegner fasst in die arglose Erzählung wie in eine Blösse und sieht darin nichts als einen Beweis angestrengter Unsicherheit. „In einer solchen Verfassung," sagt er weiter (S. XIV f.), „sollte billigerweise niemand über den Thatbestand einer kantischen Lehre, über die Echtheit oder Unechtheit einer Darstellung derselben als Richter aburtheilen." So weiss mein Gegner die Sorgfalt, die meine Pflicht war, in eine Verdächtigung zu verkehren.

Er scheint also zu meinen, dass ich allein mit sicherm Griff, der in solchen Fällen gerade ein unsicherer zu sein pflegt, und ohne solche Sorgfalt über Echtheit oder Unechtheit urtheilen solle? Ich verzichte darauf. Mein Gegner scheint den Vorgang der Kritik nicht zu kennen. Sonst würde er wissen, dass es nur auf dem Grund vertrauter Kenntniss möglich ist überhaupt an der Echtheit zu zweifeln. Wer Kant nicht kennt, nimmt gläubig das Gebotene für baare Münze. Kein Philolog verfährt in solchen Fragen anders, als wie ich verfahren bin. Auf dem sichern Grund genauer Kenntniss des Schriftstellers hat er ein Gefühl für das Unechte, er stösst an, dann zweifelt er, er liest von Neuem den Schriftsteller und vergleicht, er sucht in dem grossen und genauen Gedächtniss der Lexica und vergleicht wieder, bis sich sein Zweifel widerlegt oder die Gewissheit des Unechten hervorgeht. Möge nun mein Gegner dem forschenden Philologen sagen, dass dies Alles ein Zeichen seiner Unsicherheit sei, einer Verfassung, in der er nicht über Echtheit und Unechtheit richten dürfe — und er wird die Antwort empfangen, die ihm gebührt. Mein Gegner scheint nicht zu wissen, welche Mühe und Geduld, welche vielfache und eingehende Vergleichung es erfordert, um oft nur einen Satz, Einen Schluss oder ein Wort als nicht platonisch, nicht aristotelisch, nicht spinozisch, also auch als nicht kantisch nachzuweisen. Sonst würde er, wenn es ihm um das Thatsächliche und Urkundliche zu thun ist, eine solche Nachforschung, die sich keine Mühe verdriessen lässt, auch dann anerkennen, wenn sie gleich — es ist freilich unbequem — gegen ihn selbst gerichtet ist. Indessen wer gewinnt und wer verliert, wenn mein Gegner einer kritischen Methode die Achtung versagt?

Kuno Fischer lobt unsre Zeit, weil in ihr das Bewusstsein des richtigen Weges und der Trieb des sichern Fortschrittes die Wissenschaft der Geschichte der Philosophie auf die Höhe gebracht hat (S. XVI). Wenn er, wie vorauszusetzen, mit dieser Höhe lediglich Werke, wie E. Zeller's Philosophie der Griechen, gemeint hat: so stimme ich herzlich ein; aber gerade dies Werk ist uns in der Genauigkeit des

Thatsächlichen und Urkundlichen, in der Schärfe Echtes und Unechtes zu unterscheiden und in der Strenge der Wahrheit ein bleibendes Muster.

Bei dem Erscheinen der 2 Auflage von Kuno Fischers Kant erschien sogleich in der Beilage zur Augsburger allgemeinen Zeitung (Nr. 205. 24. Juli 1869) ein Artikel über das Werk, der die siegesfrohe Nachricht aller Welt verkündigt, dass Tendelenburgs Sache verloren sei und seine Einwürfe, ihm gegenüber, wie abgefallene Truppen dastehen. Es war ein Schlag auf die grosse Trommel, welche der Einsender doch vielleicht zu früh rührte. In demselben Artikel fand sich aus den Anmerkungen des Buchs (III. S. 329) eine der Streitfrage völlig fremde, in den Zusammenhang hineingezwängte, in ihrer Absicht unverständliche Aeusserung und wurde stark betont. Ich schliesse daraus, dass diese Stelle eine Beziehung persönlicher Art haben soll, erkläre indessen, dass ich sie nicht verstehe unter der Voraussetzung dass sie wahr sein soll.

In den gereizten Ton oder in die wendungsreiche Dialektik der Verstimmung oder in artige Versuche der Ironie, durch welche mein Gegner sein Geschäft sich selbst versüsste und mir säuern wollte, gehe ich nicht ein. Der Uebermuth der Sprache, die er spricht, wird durch den Contrast unschädlich, wenn er an einigen Stellen, wie nachgewiesen wurde, fast mit demselben Athemzuge Versehen, die er begeht, als Wahrheit verkündet. Ich bitte den Leser mir zu erlassen, dass ich noch einen Ausdruck zurückweise, der uns beide verletzt. Er bedeutete soviel, als einen einfältigen Leser neckend täuschen und schrieb mir diese Absicht zu. Weder wird eine ernste Untersuchung hänseln wollen, noch wird der Leser sich hänseln lassen. Dies und Anderes lege ich gelassen zu den Acten ähnliches Inhalts. Seit ihrem ersten Erscheinen haben mir die logischen Untersuchungen, die vor bald 30 Jahren mitten durch die Parteien hindurch ihren eigenen Weg suchten, manch herbes Wort und manchen Angriff eingetragen. Wo die Gegner auf das Gebiet des Persönlichen einen Ausfall machten, war ich immer der Ueberzeugung, dass sie ihrer eigenen Sache schadeten und in ihren Aeusserungen lediglich sich selbst kennzeichneten.

Wenn schliesslich mein Gegner (S. XIV) sein Urteil dahin zusammenfasst, dass er mit mir doppelt schlimm daran sei, weil ich ihm weder habe gerecht werden **wollen**, noch habe gerecht zu werden **vermocht**: so weiss ich das Erste besser und er weiss es selbst aus früherer Erfahrung seines Lebens besser, und das Zweite mögen nun Andere beurtheilen.

Ich breche ab und verhandele mit einem Gegner, der ein Argument d i e s e r Art beibringt, nicht weiter.

Aber nach obigen Nachweisen wird es dabei bleiben: ein mit Kuno Fischer'schen Vorstellungen versetzter Kant ist nicht der urkundliche.

Druck von J. B. Hirschfeld in Leipzig.

ANTI-TRENDELENBURG.

EINE GEGENSCHRIFT

VON

KUNO FISCHER.

ZWEITE AUFLAGE.

JENA.
HERMANN DABIS
OTTO DEISTUNG'S BUCHHANDLUNG.
1870.

I.

Veranlassung dieser Schrift.

Seit mehreren Jahren bin ich mit Herrn Professor Trendelenburg in Berlin in einen Streit verwickelt, den ich nicht begonnen, nicht gesucht und, als er mir aufgenöthigt war, nur ungern und mit Widerstreben aufgenommen habe. Eine Empfindung rein persönlicher Art, die mit wissenschaftlichen Streitfragen nichts zu thun hat, überwog bei mir jeden Reiz der Polemik, und ich würde aus eigenem Antriebe niemals gegen ihn geschrieben haben. Selbst nachdem der Angriff von ihm ausgegangen war, habe ich mich schwer entschlossen und darum lange gezögert, ihn zu erwiedern.

Ich rede nicht von dem Inhalt der Einwürfe, die Herr Trendelenburg zuerst in der neuen Auflage seiner logischen Untersuchungen gegen mich gerichtet hat, sondern davon, dass diese Einwürfe in einer Form auftraten, die mich persönlich ebenso befremden als verletzen musste. In der zweiten Auflage meiner Logik habe ich darauf geantwortet mit aller Anerkennung und Hochachtung des Gegners, wofür die Vorrede jenes Buchs Zeugniss ablegt, mit Unterdrückung des eigenen bitteren Gefühls, aber auch mit dem festen Entschluss, in einem zweiten ähnlichen Fall dem Gegner bemerkbar zu machen, dass zu dem Ton, den er gegen mich für gut findet, er kein anderes Recht habe, als das der Anmassung.

Aus einem guten Grunde durfte ich hoffen, dass ein ähnlicher Fall nicht eintreten und der Gegner, wenn es ihm gefallen sollte, den wissenschaftlichen Streit fortzusetzen, in der Wahl seiner Ausdrücke und in der Abwägung seiner Urtheile etwas behutsamer verfahren werde. Diese Hoffnung hat mich getäuscht. Der III. Bd. der hist. Beitr. brachte einen gegen mich gerichteten Aufsatz, der meine Darstellung der kantischen Lehre von Raum und Zeit zur Zielscheibe nahm und mit dem Motto begann: „Wer bauet an der Strassen, der muss sich schelten lassen!" Hätte nun Herr Trendelenburg seine Erörterung auf die ihm fraglichen Punkte beschränkt und hier seine Auffassung Kant's der meinigen entgegengesetzt, wirklich in aller Ruhe und lediglich im Interesse der Sache, so hätte ich das nicht blos in der Ordnung, sondern dankenswerth gefunden, auch wenn ich ihm in keinem Punkte Recht geben konnte. Es wäre dann nicht nöthig gewesen, Ausdrücke, wie „ungereimt" und „widersinnig" gegen mich zu brauchen; es wäre nicht nöthig gewesen, da, wo ihm meine Auffassung gewisser Punkte der kantischen Lehre bedenklich oder unrichtig schien, die Urkundlichkeit meiner Darstellung anzugreifen und am wenigsten durfte er diese Urkundlichkeit auch da verdächtigen, wo ihm nicht einmal der Schein eines Einwurfes zur Seite stand. Nun entdeckte ich, dass sämmtliche von ihm gemachten Einwürfe völlig nichtig und bei einer etwas genaueren Kenntniss der kantischen Lehre geradezu unmöglich waren. Um so mehr musste mir einleuchten, dass der ganze Aufsatz nichts übrig liess, als eine völlig grundlose Verdächtigung der wissenschaftlichen Urkundlichkeit meiner Arbeit, eine Verdächtigung, die dadurch nicht gemildert, sondern noch scheinbarer wurde, dass der Gegner eine Art Lob zum Schemel derselben gemacht hatte. Und da ich wohl wusste, wie gern dieser Gegner das Schweigen der von ihm Angegriffenen für deren Niederlage, sogar für das Eingeständniss derselben ansicht, so hatte ich gegen mich und mein Werk die doppelte Pflicht, einer solchen Weise der Kritik nachdrücklich entgegenzutreten. Ich that es bei Gelegenheit der zweiten Auflage meines Kant, in der Vorrede dieses Buchs und in einer Reihe von Anmerkungen, die sich auf die angegriffenen Stellen bezogen.

Es hat nun Herrn Trendelenburg gefallen, dagegen eine Brochüre zu veröffentlichen mit dem Titel: „Kuno Fischer und sein Kant." Unter diesem Titel, der ohne Mühe das Urtheil vorwegnimmt, steht der Spruch: „veritas odium parit". Wenn eine polemische Schrift, noch bevor sie den Mund zur Erörterung der Sache öffnet, ein Motto zur Schau stellt, welches den Leser einzunehmen sucht, so darf man ein solches Verfahren wohl zu den Wortkünsten rechnen, die man gerechterweise verschmähen sollte. Mein Gegner liebt die Mottos und wählt sie so, dass er dabei nicht zu kurz kommt. Das Vorigemal sollte die Rolle des Baumeisters wohl ihm gegönnt sein und mir die des Scheltenden. Diessmal steht auf seiner Seite die Wahrheit und auf der meinigen der Hass. Nun, es wird sich zeigen, wie weit der Inhalt der Schrift diese Etikette rechtfertigt, ich meine den Titel und sein Motto; es wird sich zeigen, ob diesen Titel die Wahrheit geschrieben hat oder der Hass?

Ich habe bei dieser ganzen Polemik dem Gegner den Vortritt gelassen und seine Angriffe gelegentlich und anmerkungsweise in Büchern beantwortet, deren Inhalt mit den Streitpunkten zusammenhing. Die Form der Brochüre ändert den äusseren Schauplatz des Streites und verlegt ihn sozusagen auf den offenen Markt. Ich habe diesen Schauplatz nicht gesucht und betrete ihn ungern, obwohl ich ihn nicht scheue. Auch hier sollte der Gegner den Vortritt haben. Eine Brochüre von 40 Seiten ist beweglicher, als ein Werk von zwei Bänden. Daher muss ich dem Gegner auf die von ihm gewählte Rennbahn folgen und nun auch meinerseits an die Stelle des Buchs die Streitschrift treten lassen, damit Licht und Luft gleich getheilt sind.

Die „Entgegnung" des Herrn Trendelenburg soweit sie in sachliche Erörterungen eingeht, erneuert den Angriff der „Beiträge". Sie betrifft die kantische Lehre von Raum und Zeit, deren Darstellung in meinem Werke nicht urkundlich sein soll, und zwar soll die Quelle meiner Irrthümer darin liegen, dass ich in Rücksicht der Gattungsbegriffe eine Lehre für kantisch ausgebe, die unkantisch ist.

II.
Kant's Lehre von den Gattungsbegriffen.

Ich komme daher sogleich zu dem Hauptpunkte, von dem aus der Verfasser der Brochüre meine Darstellung Kant's aus den Angeln zu heben sucht. Er sagt (S. 13 ff.): „Kant beweist zunächst negativ: Raum und Zeit sind Anschauungen, weil sie nicht Begriffe sind. Kuno Fischer hingegen sagt nach seiner Auffassung Kant's: Raum und Zeit sind Anschauungen, weil sie keine Gattungsbegriffe sind. Durch diese Differenz kommt Unkantisches in die ganze Darstellung." Und S. 17 wird eben dasselbe erklärt: „es handelt sich um eine Quelle von Irrthümern, denn in der ganzen Darstellung des Beweises geht von dieser Verwandlung des Begriffs in Gattungsbegriff alles Unkantische aus. Kuno Fischer hat keine Stelle beigebracht, aus welcher sich diese Abänderung des Begriffs in Gattungsbegriff auch nur von Ferne rechtfertigt; aber er beharrt auf ihr dessen ungeachtet."

Es ist also kein Zweifel, dass ich mich an der Stelle

befinde, in welcher die Polemik selbst ihren Schwerpunkt
sucht. Wir wollen sehen, wie schwer das Gewicht dieser
Polemik ist. Nach Herrn Trendelenburg lehrt Kant, dass
Begriff und Gattungsbegriff verschieden sind; nach mir lehrt
Kant, dass sie identisch sind.

1.

Ich habe als Hauptstelle den Satz der Vernunftkritik
angeführt: „man muss einen jeden Begriff als eine Vorstellung denken, die in einer unendlichen Menge von verschiedenen möglichen Vorstellungen als ihr gemeinschaftliches
Merkmal enthalten ist." Wie schafft sich der Gegner diese
Stelle aus dem Wege?

Was von jedem Begriffe gilt ohne Ausnahme, das gilt
von allen, also auch von einigen; es ist mithin kein Zweifel,
dass in der obigen Stelle die Gattungsbegriffe eingeschlossen
sind. Nach dem Verfasser der Brochüre dagegen sind von
dem obigen Satz die Gattungsbegriffe ausgeschlossen.
Was Kant von allen Begriffen ohne Ausnahme sagt, das
soll nach Kant — so lehrt Herr Trendelenburg — nicht
von allen, sondern nur von einigen Begriffen gelten, nämlich von den Begriffen, die nur Individuen, nicht Arten
unter sich befassen: es gilt von den Begriffen mit Ausnahme der Gattungsbegriffe!

Herr Trendelenburg hätte in jener kantischen Stelle
sich die Möglichkeit offen erhalten können, dass nicht alle
Begriffe Gattungsbegriffe sind, und etwas der Art mag ihm
vorgeschwebt haben. Aber er versteht die Stelle so, dass
sie die Gattungsbegriffe ausschliesst, dass die letzteren überhaupt nicht zu den Begriffen gehören, von denen die Stelle
redet, wonach also die Gattungsbegriffe keine Begriffe
sein müssten, denn die Stelle redet von allen Begriffen
ohne Ausnahme.

Hier ist der Beweis dieser seiner Auslegung, die unter den Missverständnissen, die kantische Sätze erlebt haben, kaum ihres Gleichen findet. Die Brochüre sagt S. 18: „Kant's Ausdruck „„in einer unendlichen Menge von verschiedenen möglichen Vorstellungen"", kann nur auf die unter den Begriff befassten Individuen gehen, nicht auf Arten, welche nicht als unendlich viele gedacht werden." „Wo mithin die unendlichen möglichen Vorstellungen, welche ein Begriff unter sich begreift, nur Individuen sind und keine Arten, da ist auch der Begriff kein Gattungsbegriff."

Darf man fragen: 1) warum die Arten nicht als unendlich viele gedacht werden dürfen? warum nicht unendlich viele Arten sein können? Kant redet von einer unendlichen Menge verschiedener möglicher Vorstellungen! 2) warum der Individuen unendlich viele sein müssen? 3) warum Gattungsbegriffe nicht unendlich viele verschiedene Individuen unter sich befassen dürfen, da diese doch unter Artbegriffe befasst werden, welche selbst unter die Gattungsbegriffe gehören? Ist nicht ein Merkmal seines Merkmals auch ein Merkmal des Dinges?

Ich bemerke an dieser Stelle der Brochüre mehr als eine Verwirrung. Der Gegner sieht nicht, dass Kant von jedem Begriff ohne Ausnahme redet; er sieht nicht, dass jeder Gattungsbegriff mit den Arten zugleich Individuen unter sich begreift; er glaubt, dass nur solche Begriffe gemeint sind, die nichts als Individuen unter sich haben.

2.

Die Begriffe, welche nur Individuen unter sich befassen, sind die untersten oder niedrigsten Arten. So nennt sie die Logik.

Zunächst constatire ich: dass der kantische Satz, wonach jeder Begriff als gemeinschaftliches Merkmal unendlich vieler verschiedener Vorstellungen gedacht werden muss, von Herrn Trendelenburg so erklärt wird, das unter „jedem Begriff" nicht die Gattungsbegriffe, sondern blos die untersten Begriffe oder die niedrigsten Arten zu verstehen sind. Kant soll also gesagt haben: alle Begriffe sind niedrigste Arten! Ich constatire, dass diese Erklärung dem Sinn und Buchstaben des kantischen Satzes auf gleiche Weise und zwar so widerspricht, dass nichts übrig bleibt, das noch Sinn haben könnte.

Wenn Kant in seiner Erklärung nicht die Gattungsbegriffe, sondern blos die niedrigsten Arten gemeint hätte, so würde er selbstverständlich nicht gesagt haben „jeder Begriff"; er müsste zweitens der Ansicht gewesen sein, dass es niedrigste Arten als logische Begriffe giebt, und drittens, dass diese niedrigsten Arten nicht Gattungsbegriffe sein können.

Dass dieses in der That kantische Ansicht sei, behauptet Herr Trendelenburg nach seiner obigen Erklärung. Wir wollen sehen, ob er Recht hat. Da er Kant's Logik in's Treffen geführt hat, so habe ich das Recht, mich ebenfalls auf dieses Buch zu berufen. In dem Abschnitt von den Begriffen lehrt die kantische Logik [§. 11]:

1) „Die höchste Gattung ist die, welche keine Art ist, so wie die niedrigste Art die, welche keine Gattung ist. Dem Gesetze der Stetigkeit zufolge kann es indessen weder eine niedrigste noch eine nächste Art geben." Kant lehrt: es giebt, logisch genommen, keine niedrigste Art.

2) „Haben wir auch einen Begriff, den wir unmittelbar auf Individuen anwenden, so können in Ansehung desselben doch noch specifische Unterschiede vorhanden sein, die wir entweder nicht bemerken oder die wir ausser Acht lassen. Nur comparativ für den Gebrauch giebt es niedrigste Begriffe, die gleichsam durch Convention diese Bedeutung erhalten haben, sofern man übereingekommen ist, hierbei nicht tiefer zu gehen. In Absicht auf die

Bestimmung der Art- und Gattungsbegriffe gilt also folgendes allgemeines Gesetz: es giebt ein Genus, das nicht mehr Species sein kann, aber es giebt keine Species, die nicht wieder sollte Genus sein können." Kant lehrt also: es giebt keine Art, die nicht wieder Gattungsbegriff wäre; alle Arten sind Gattungen.

Kant sagt in der Vernunftkritik: „jeder Begriff ist ein gemeinschaftliches Merkmal unendlich vieler verschiedener Vorstellungen." Nach Herrn Trendelenburg bezieht sich diese Erklärung nicht auf die Gattungsbegriffe, sondern blos auf die niedrigsten Arten. Diese Erklärung ist unmöglich: 1) weil die niedrigsten Arten nicht alle Begriffe sind, 2) weil es nach Kant keine niedrigsten Arten giebt, 3) weil nach Kant jede Art wieder Gattung ist.

Dass der kantische Satz die Gattungsbegriffe nicht ausschliesst, wie Herr Trendelenburg will, ist selbstredend. Er schliesst die Gattungsbegriffe nicht blos ein, sondern es ist nicht zu sehen, welche anderen Begriffe als Gattungsbegriffe er noch einschliessen sollte.

Jeder Begriff, der viele verschiedene Vorstellungen unter sich fasst oder als deren gemeinschaftliches Merkmal gedacht werden muss, ist (in Rücksicht dieser Vorstellungen) Gattungsbegriff. Diesen Satz lehrt die kantische Logik. Die Vernunftkritik sagt: „jeder Begriff ist als gemeinschaftliches Merkmal vieler verschiedener Vorstellungen zu denken. Mithin gilt nach Kant jeder Begriff, logisch genommen, als Gattungsbegriff.

Was nach Kant von jedem Begriff ohne Ausnahme gilt, soll nach dem Verfasser der Brochüre so gemeint sein, dass es von keinem Gattungsbegriffe gilt. Vielmehr soll Kant hier nur solche Begriffe gemeint haben, die nach der kantischen Logik — ebenfalls Gattungsbegriffe sind!

Herr Trendelenburg schreibt seine Brochüre, um zu

verhindern, „dass künftig Unkantisches für kantisch gelte". „Kuno Fischer spricht mit imponirender Zuversicht und lässt alle Künste der Dialektik spielen, um Unkantisches kantisch zu machen." (S, 4.) Hier sind „die Künste meiner Dialektik", hier ist „meine imponirende Zuversicht". Wo Kant sagt: „jeder Begriff" ohne Ausnahme, da verstehe ich darunter alle Begriffe. Dagegen sorgt die Brochüre, das künftig unter „jedem Begriff" vielmehr „nicht jeder Begriff" verstanden werde. Das nennt sie den Gegenbeweis führen „an evidenten Punkten". (Vgl. unten X. 3.)

III.
Kant's Lehre von der Allgemeinheit und Abstraction der Begriffe.

1.

Ich bin mit dem Gegner auf dem Gebiet der Gattungsbegriffe und lasse ihm hier seine zweite polemische Stellung einnehmen.

Ich sage im Sinne Kants: „die Vorstellung des einzelnen Dinges ist Anschauung, die der Gattung ist Begriff." Dagegen erklärt Herr Trendelenburg in den „Beiträgen" und wiederholt in der Brochüre (S. 14): „diesen Ausdruck des Gattungsbegriffs lesen wir bei Kant in seinen Argumenten nicht."

Hier ist die wörtliche Stelle aus dem Buche, welches er gegen mich anführt. Die kantische Logik beginnt so ihren Abschnitt von den Begriffen: alle Vorstellungen sind entweder **Anschauungen** oder **Begriffe**. Die Anschauung ist eine **einzelne** Vorstellung, der Begriff eine **allgemeine** oder **reflectirte**." „Der Begriff ist eine allgemeine Vorstellung oder eine Vorstellung dessen, was **mehreren Objecten** gemein ist, also eine Vorstellung, sofern sie in **verschiedenen enthalten** sein kann." (Logik. I. Abschnitt. Von den Begriffen §. 1.)

Begriff und allgemeiner Begriff sind nach Kant identisch; jeder Begriff ist allgemein oder gemeinsam. Diese Erklärung hält der Verfasser der Brochüre für unkantisch. Sie steht in der kantischen Logik an obiger Stelle: „es ist eine blosse Tautologie, von allgemeinen oder gemeinsamen Begriffen zu reden." (§. 1 Anmerk. 2.) Jeder (allgemeine) Begriff ist und heisst bei Kant Gattungsbegriff. Herr Trendelenburg verneint es und sagt, diese Darstellung sei unkantisch. Hören wir also Kant selbst: „Gattungs- und Artbegriffe sind nicht ihrer Natur nach unterschieden; es kann keine niedrigste Art geben, es giebt eine Gattung, die nicht mehr Art sein kann, aber keine Art, die nicht wieder sollte Gattung sein können." (Logik, Abschnitt von den Begriffen. §§. 10 und 11.)

Ich ziehe die Summe: alle Vorstellungen, die nicht Anschauungen sind, nennt Kant Begriffe; alle Begriffe sind und heissen bei Kant allgemein (gemeinsam) oder Gattungsbegriffe. Diess sagt meine Darstellung in wörtlicher Uebereinstimmung mit Kant. Diese Darstellung für unkantisch halten ist demnach ein Zeichen, wie eine Folge der eigenen Unkenntniss kantischer Lehre.

2.

Ich sage im Sinne Kant's: jeder Begriff ist Gattungsbegriff, jeder Gattungsbegriff ist abstrahirt von den Objecten, deren gemeinschaftliches Merkmal er enthält.

Herr Trendelenburg entgegnet in den Beiträgen und wiederholt in der Brochüre, diese Behauptung sei unkantisch. „Kant würde nie anerkennen, was doch als kantisch gegeben wird; denn Kant weiss sehr wohl, dass es Gattungsbegriffe giebt, die nicht abstrahirt, nicht aus den gemeinschaftlichen Merkmalen der Dinge zusammengesetzt sind." (Br. S. 14 und 20.)

Es ist die Rede von den Begriffen im Gegensatze zur Anschauung, von den Begriffen, logisch genommen, von der Form der Begriffe.

„Kant würde nie anerkennen, dass alle Begriffe abstrahirt sind. Kant weiss sehr wohl, dass es Gattungsbegriffe giebt, die nicht abstrahirt sind." So lehrt Herr Trendelenburg. Die kantische Logik lehrt: „der Ursprung der Begriffe der blossen Form nach beruht auf Reflexion und Abstraction von dem Unterschiede der Dinge." „Um aus Vorstellungen Begriffe zu machen, muss man **compariren, reflectiren und abstrahiren können, denn diese drei logischen Operationen des Verstandes sind die wesentlichen und allgemeinen Bedingungen zu Erzeugung eines jeden Begriffs überhaupt.**" (Logik, Abschn. von den Begriffen. §§. 5 und 6.)

Kant erklärt: „jeder Begriff ist ein gemeinschaftliches Merkmal vieler verschiedener Vorstellungen, jeder Begriff ist Gattungsbegriff, jeder Gattungsbegriff wird abstrahirt."

Herr Trendelenburg entgegnet: „Kant weiss sehr wohl, dass es Gattungsbegriffe giebt, die nicht abstrahirt, nicht aus gemeinschaftlichen Merkmalen zusammengesetzt sind."

Hatte ich nun recht zu urtheilen: „was Kant weiss und sagt, und was Herr Trendelenburg ihn wissen lässt, verhält sich demnach genau, wie A und Nicht-A"?

3.

Also der Satz, dass alle Begriffe Gattungsbegriffe sind, steht fest auf kantischer Grundlage und mit kantischen Worten. Nachdem der Verfasser der Beiträge und der Brochüre die Hauptstellen so arg verkannt hat, wird er die vermissten „Nebenstellen", nachdem er sie kennen gelernt, vielleicht besser würdigen.

Was er gegen diesen Satz noch einwenden kann, geht

nicht mehr gegen meine Darstellung Kants, sondern muss sich gegen die kantische Lehre selbst richten. Er streitet aus kantischen Gründen gegen den kantischen Satz. Vielleicht also hat er zwar in meiner Darstellung nichts Unkantisches auftreiben können, aber in der kantischen Lehre selbst einen Widerspruch gefunden. Er wendet gegen den kantischen Satz, der ihm unkantisch vorkam, zweierlei ein: es giebt nach Kant Begriffe, die weder Gattungsbegriffe noch abstrahirt sind, nämlich die Kategorien; es giebt nach Kant Gattungsbegriffe, die nicht abstrahirt sind, nämlich die Grössenbegriffe.

IV.
Kant's Lehre von den Grössenbegriffen.
1.

Es giebt, sagt Herr Trendelenburg, Gattungsbegriffe, die nicht abstrahirt sind, z. B. der Begriff Parallelogramm, Kreis, die Zahl Vier, überhaupt Grössenbegriffe allgemeine mathematische Bestimmungen; diese Begriffe entstehen nicht durch Zusammensetzung abgezogener Merkmale, sondern durch Construction. (Br. S. 18—20.)

Was entsteht durch Construction? Der **Gattungsbegriff Parallelogramm**? Der Verfasser der Brochüre sagt S. 19: „Nun hat der Begriff Parallelogramm Arten; Quadrat, Rechteck, Rhombus, Rhomboid sind seine Arten; also ist das Parallelogramm ein Gattungsbegriff." Das Parallelogramm als Gattungsbegriff kann mithin sowohl Quadrat als Rechteck u. s. f. sein. Nun möchte ich wissen, wie dieser Gattungsbegriff construirt wird! Jede Construction nach Kant ist Anschauung, jede Anschauung nach Kant ist eine einzelne Vorstellung. Das construirte Parallelogramm ist diese bestimmte Figur, die (nicht sowohl Quadrat als

Rechteck u. s. f. sein kann, sondern) **entweder** Quadrat **oder** Rechteck u. s. f. ist. Jetzt vergleiche ich die vier verschiedenen Parallelogramme, reflectire bloss auf ihre gemeinschaftlichen Merkmale, **abstrahire** von der Beschaffenheit der Winkel, von der Gleichheit oder Ungleichheit der angrenzenden Seiten und bilde so den Gattungsbegriff Parallelogramm. Denn, wie Kant wörtlich sagt „compariren, reflectiren, abstrahiren, — diese drei logischen Operationen des Verstandes sind die **wesentlichen und allgemeinen Bedingungen zu Erzeugung eines jeden Begriffs überhaupt**". (Logik, Abschnitt von den Begriffen. §. 6. Anmerk).

Nimmt man das Parallelogramm als Construction, so ist es nicht Begriff, sondern Anschauung, einzelne Vorstellung; nimmt man es als Gattungsbegriff, so ist es abstrahirt, wie jeder andere Gattungsbegriff, wie jeder Begriff überhaupt. So wenig die einzelne Vorstellung jemals Gattungsbegriff sein kann, so wenig ist ein Gattungsbegriff jemals zu construiren. Construirte Gattungsbegriffe sind hölzerne Eisen oder viereckige Zirkel, sie sind, was die gewöhnliche Logik „contradictio in adjecto" nennt.

Alle Gattungsbegriffe sind abstrahirt: so lehrt Kant, so lasse ich ihn lehren. Wenn die Beiträge und die Brochüre dagegen die Grössenbegriffe einwenden, so trifft dieser Einwand weder mich noch die kantische Lehre, denn die **Gattungsbegriffe** der Grössen sind ebenfalls abstrahirt. (Vgl. unten XI. 1—3.)

2.

Beiläufig bemerke ich, dass an dieser Stelle Herr Trendelenburg nicht bloss mit kantischen Begriffen in eine üble Verwirrung gerathen ist, sondern mit seinen eigenen. Quadrat, Rechteck u. s. f. sind durchgängig bestimmte Parallelogramme, sie sind einzelne Vorstellungen, die nichts mehr unter sich befassen. Der „Gattungsbegriff" Parallelogramm bezieht sich unmittelbar auf einzelne Vorstellungen; Begriffe, die sich auf einzelne Vorstellungen beziehen, sollten nach der Ansicht des Gegners nicht Gattungsbegriffe sein. Wie also kann er nach seiner Theorie das Parallelogramm „Gattungsbegriff" nennen? Der Kreis soll nach dem Verfasser der Brochüre ein Gattungsbegriff sein; also muss er Arten haben. Welches sind die Arten des Kreises? Die Brochüre sagt S. 19: „es giebt Kreise von verschiedener Grösse des Radius"; es giebt also grosse und kleine Kreise, zahllose Kreise von verschiedener Grösse. Nun sagt dieselbe Brochüre (S. 18): „wo mithin die unendlichen möglichen Vorstellungen, welche ein Begriff unter sich begreift, nur Individuen sind und keine Arten, da ist auch der Begriff kein Gattungsbegriff", „Arten können nicht als unendlich viele gedacht werden." Nun fasst der Begriff Kreis zahllos verschiedene Kreise unter sich, diese zahllosen Kreise sind keine Arten; der Begriff Kreis geht also auf unendlich viele einzelne Vorstellungen, er befindet sich mithin genau in dem Falle, in welchem nach Herrn Trendelenburg kein Gattungsbegriff sich befinden darf. Wie also kann er den Kreis einen „Gattungsbegriff" nennen? Wie kann er es nach seiner eigenen Theorie? Was auf Seite 18 der Brochüre kein Gattungsbegriff sein kann, das ist auf Seite 19 ein Gattungsbegriff!

3.

Diese ganze Auseinandersetzung nöthigt mich noch zu einer persönlichen Erklärung. Grössengattungsbegriffe sind als Grössen construirt, als Gattungsbegriffe (von den Constructionen) abstrahirt. Wenn man diese beiden Beschaffenheiten nicht genau unterscheidet, so kann man sich leicht durch eine Zweideutigkeit irre machen lassen. Die Grössenbegriffe bieten eine günstige Gelegenheit zu einer sogenannten Vexirfrage. Was von den Grössen gilt, wird auf die Grössenbegriffe übertragen; so entsteht der Einwurf, den Herr Trendelenburg in seinen „Beiträgen" gemacht und jetzt in seiner Brochüre wiederholt hat: „es giebt Gattungsbegriffe, die nicht abstrahirt, sondern construirt sind, nämlich die Grössenbegriffe." Ich gestehe offen, dass ich diesen Einwurf, als ich ihn zuerst in den Beiträgen las, wirklich für eine Vexirfrage hielt, für eine List, die sich der Krieg auch in wissenschaftlichen Dingen zwar nicht erlauben sollte, aber mitunter erlaubt. Daher sagte ich in der betreffenden Anmerkung meines Buchs: „wollen die Beiträge ihre Leser etwa hänseln?" Ich meinte nichts anderes als vexiren. Diesen Ausdruck hat der Verfasser der Brochüre als einen solchen empfunden, der ihn und den Leser verletze (S. 39). Da ich auch zu den Lesern gehört habe, so gehöre ich auch zu den Verletzten und mache dadurch wenigstens einigermassen gut, was ich verschuldet. Aber ich nehme den Ausdruck hiermit zurück. Es war keine Vexirfrage. Jener Einwurf, dass es construirte Gattungsbegriffe gebe, war nicht verfänglich gemeint, sondern — ernsthaft! Nur berufe sich dieser Einwurf nicht auf Kant.

Dabei bemerke ich so eben, dass mir der Verfasser auf derselben Seite (S. 39) auch „artige Versuche der Ironie" vorwirft, in welche er nicht eingehe. Er macht mir „Wortgefechte" zum Vorwurf und sagt, dass er in keines derselben eintrete (S. 41). Ich weiss nicht, worauf diese Vorwürfe zielen. Doch nennt mich der Verfasser der Brochüre bald seinen „gütigen", bald seinen „grossmüthigen Gegner". (S. 20, S. 31). Ich vermuthe, dass er es ironisch meint. Da er nun in die „artigen Versuche der Ironie" nicht eingehen will, so weiss ich nicht, welcher Art diese ironischen Wendungen sein wollen.

V.
Kant's Lehre von den Kategorien, logisch genommen.
1.

Ich komme zum letzten Einwurf, der meiner Darstellung der kantischen Lehre von den Gattungsbegriffen gemacht wird, und summire kurz die vorhergehenden und widerlegten. Ich sage: jeder Begriff ist ein gemeinschaftliches Merkmal vieler verschiedener Vorstellungen und darum Gattungsbegriff. Herr Trendelenburg entgegnet: nein! es giebt nach Kant Begriffe, die gemeinschaftliche Merkmale vieler verschiedener Vorstellungen, aber nicht Gattungsbegriffe sind, nämlich die niedrigsten Arten. Kant lehrt: „es giebt keine niedrigste Art, es giebt keine Art, die nicht wieder sollte Gattung sein können". Der Einwurf, nichtig in sich, ist gescheitert an Kant's wörtlicher Erklärung.

Ich sage: „alle Gattungsbegriffe sind abstrahirt." Herr Trendelenburg entgegnet: nein! nicht alle Gattungsbegriffe sind nach Kant abstrahirt, die Grössengattungsbegriffe sind construirt. Kant dagegen lehrt wörtlich: „compariren, reflectiren und abstrahiren sind die wesentlichen und allgemeinen Bedingungen zur Erzeugung eines jeden Begriffs überhaupt". Unter diesen Bedingungen zur Erzeugung eines jeden Begriffs hat die Construction keine Stelle. Sie kann keine haben. Die Grössen als Gattungsbegriffe sind nicht construirt, sondern ebenfalls abstrahirt.

Ich sage mit Kant: „alle Begriffe sind Gattungsbegriffe und als solche abstrahirt". Herr Trendelenburg entgegnet: nein! es giebt nach Kant Begriffe, die weder Gattungsbegriffe noch abstrahirt sind, nämlich die Kategorien.

Ich brauche nicht zu wiederholen, dass der Schein dieses Einwurfs nicht meine Darstellung Kants, die Kant nach dem Wortlaute wiedergiebt, sondern die kantische Lehre von den Gattungsbegriffen selbst treffen würde, wenn er überhaupt träfe. Für jeden Kenner der kantischen Lehre liegt die Sache einfach genug. Freilich sind die Kategorien ursprüngliche Begriffe, deren Function im Verknüpfen besteht und die dadurch Urtheil und Erkenntniss bewirken. Aber diese Ursprünglichkeit und transscendentale Bedeutung der Kategorien wird doch in keiner Weise beeinträchtigt, wenn sie, rein logisch betrachtet (d. h. abgesehen von ihrem Inhalt und ihrer Bedeutung für die Erkenntniss), als Gattungsbegriffe gelten müssen, die, wie alle Gattungsbegriffe, durch Vergleichung, Reflexion und Abstraction gebildet werden. Der Verfasser der Brochüre sagt: was Arten unter sich befasst, ist Gattungsbegriff. Nun gut! Der Begriff Ursache ist eine Kategorie, sogar die wichtigste von allen. Der Begriff Ursache befasst Arten unter sich, es giebt mechanische und moralische Ursachen. Ist also diese Kategorie kein Gattungsbegriff? Wenn ich mechanische und moralische Ursachen vergleiche, auf ihr gemeinschaftliches Merkmal reflectire, dieses abstrahire, so habe ich den allgemeinen Begriff Ursache. Was ist dabei Auffallendes oder gar Widersprechendes? Ich abstrahire etwas von einer gegebenen Vorstellung; ich könnte dieses Etwas nicht abstrahiren, wenn es nicht in der gegebenen Vorstellung enthalten wäre. Wenn ich nun von einer gegebenen Vorstellung nicht mehr abstrahiren kann, so ist klar, dass diese gegebene Vorstellung zugleich eine ursprüngliche und nothwendige Vorstellung ist. So verhält es sich mit den Kategorien.

Es ist ein Unterschied, ob man die Begriffe kritisch untersucht, d. h. in Rücksicht auf die Erkenntniss und ihren Inhalt, oder ob man sie blos logisch betrachtet, d. h. blos von Seiten ihrer Form. Wenn nach dem Unterschiede zwischen Anschauung und Begriff gefragt wird, so handelt es sich nicht um diese oder jene Begriffe, sondern um die Begriffe als solche, um das, was den Begriff zum Begriff macht, d. h. um die blosse Form der Begriffe. Nun handelt es sich um diesen Unterschied in der kantischen Lehre von Raum und Zeit. Daher kommen hier die Begriffe in Betracht lediglich in Rücksicht ihrer Form oder blos logisch genommen.

2.

Wenn ich noch eines Beweises bedürfte, wie fremd Herr Trendelenburg in den Untersuchungen der kantischen Kritik ist und wie wenig er den Zusammenhang dieser Untersuchungen einsieht, so würde ich auf die Stelle seiner Brochüre hinweisen, worin wörtlich gesagt wird, in der Lehre von Raum und Zeit sei „Kants wesentliche Absicht gewesen, die Anschauungen des Raumes und der Zeit von den Kategorien, den Stammbegriffen des Verstandes, zu scheiden" (S. 24, 25.)

An einer Stelle, wo von den Kategorien noch nicht die Rede ist und sein darf, soll Kant's „wesentliche Absicht" gewesen sein, Raum und Zeit von den Kategorien zu scheiden? An einer Stelle, wo alles darauf ankam, zu beweisen, dass Raum und Zeit überhaupt keine Begriffe sind, soll Kant's „wesentliche Absicht" gewesen sein, darzuthun, dass Raum und Zeit nur gewisse Begriffe nicht sind? Und das sagt Herr Trendelenburg unmittelbar nachdem er erklärt hat: „es wäre zu wenig bewiesen, wenn Kant nur bewiesen hätte, dass Raum und Zeit keine Gattungsbegriffe sind, denn was zu beweisen, wäre von den Begriffen nicht bewiesen, welche keine Gattungsbegriffe sind. Es entstünde also eine gefährliche Lücke im Beweise." (S. 24.)

Alle Begriffe, logisch genommen, sind nach Kant Gattungsbegriffe, auch die Kategorien. Die Lücke entsteht also nicht.

Dagegen nicht alle Begriffe, logisch genommen, sind abstracteste Begriffe oder Kategorien. Hätte also Kant Raum und Zeit nur von den Kategorien unterscheiden wollen, so entstünde nicht bloss eine Lücke, sondern jenes grosse Loch, in welches mit der Lehre von Raum und Zeit die ganze kantische Philosophie hineinfallen würde.

Ich bitte den Leser, die Brochüre an dieser merkwürdigen Stelle noch einen Schritt weiter zu verfolgen. Es heisst (S. 25): „in Kant's Beweise kann man statt „"Begriff"" die Art des Begriffs: Stammbegriff des Verstandes einsetzen, und es passt."

„Jeder Begriff", sagt Kant, „ist als eine Vorstellung zu denken, die in einer unendlichen Menge von verschiedenen möglichen Vorstellungen als ihr gemeinschaftliches Merkmal enthalten ist, mithin diese unter sich enthält, aber kein Begriff, als ein solcher, kann so gedacht werden, als ob er eine unendliche Menge von Vorstellungen in sich enthielte."

Von dieser Stelle, wo das Wort „jeder Begriff" steht, hatte die Brochüre S. 18 die Gattungsbegriffe vertrieben und keine anderen Begriffe dulden wollen, als die niedrigsten Arten. Und an dieselbe Stelle, wo eben noch die niedrigsten Arten allein Platz finden durften, setzt sie jetzt (S. 25) — die allgemeinsten aller Begriffe, die Stammbegriffe des Verstandes — „und es passt!" Wenn nur nicht die niedrigsten Arten, deren so viele sind und die noch dazu (nach S. 18) den ersten Anspruch auf den Platz „jedes Begriffs" haben, mit den Kategorien, deren so wenige sind, am Ende in Streit gerathen und die letzteren vom Platze verdrängen! Kant braucht den Streit nicht zu fürchten, denn nach ihm sind alle Arten, so wie die Kategorien, logisch genommen, Gattungsbegriffe, und beide können sich daher an der obigen Stelle friedlich vertragen. Aber ich sehe nicht, wie die Brochüre aus dem Wirrwarr herauskommen will, den sie angerichtet. Sie lässt die Kategorien nicht als Gattungsbegriffe gelten und behandelt sie doch auf gleichem Fuss mit den niedrigsten Arten. Freilich gelten ihr die letzteren auch nicht als Gattungen, und es könnte fast scheinen, dass bei der Annahme, das weder die niedrigsten Arten noch die Kategorien Gattungsbegriffe sind, ein positiver Schluss in der zweiten Figur droht.

Der Beweis aber, der nach Herrn Trendelenburg Kant's „wesentliche Absicht" in seiner Lehre von Raum und Zeit war, „würde nackt ausgedrückt etwa (?) so lauten: „kein Stammbegriff des Verstandes enthält eine unendliche Menge von Vorstellungen in sich (als Inhalt); die Vorstellungen von Raum und Zeit enthalten eine unendliche Menge von Vorstellungen in sich, also sind Raum und Zeit keine Stammbegriffe des Verstandes." (S. 25.)

Diess also wäre der Kern von Kant's transsc. Aesthetik, die nach diesem Schlusse 1) die Möglichkeit offen lassen würde, dass Raum und Zeit Begriffe sind, denn nicht alle Begriffe sind Kategorien, und 2) die Lehre von den Stammbegriffen des Verstandes voraussetzen müsste, während sie selbst dieser Lehre, nämlich der transsc. Logik, in der Kritik der reinen Vernunft vorausgeht. Und diese Umkehrung der ganzen Vernunftkritik soll in dem ersten Theile derselben Kant's „wesentliche Absicht" gewesen sein?

In der kantischen Lehre von Raum und Zeit ist von den Kategorien als solchen nirgends die Rede, sondern von den Begriffen überhaupt. Unter diese fallen auch die Kategorien; sie sind, logisch genommen, allgemeine oder abstracte Begriffe, wie alle übrigen. Genau so beurtheilt und behandelt sie Kant in seiner Logik. Hier ist die bezügliche Stelle. „Die allgemeine Logik hat nicht die Quelle der Begriffe zu untersuchen, nicht wie Begriffe als Vorstellungen entspringen, sondern lediglich wie gege--

bene Vorstellungen im Denken zu Begriffen werden; diese Begriffe mögen übrigens etwas enthalten, was von der Erfahrung hergenommen ist, oder auch etwas Erdichtetes, oder von der Natur des Verstandes Entlehntes. Dieser logische Ursprung der Begriffe, der Ursprung ihrer blossen Form nach, besteht in der Reflexion, wodurch eine mehreren Objecten gemeinsame Vorstellung entsteht, als diejenige Form, die zur Urtheilskraft erfordert wird. Also wird in der Logik bloss der Unterschied der Reflexion an den Begriffen betrachtet. Der Ursprung der Begriffe in Ansehung ihrer Materie, nach welcher ein Begriff entweder empirisch oder willkürlich oder intellectuell ist, wird in der Methaphysik erwogen." (Logik, Abschnitt von den Begriffen §. 5.)

Bedarf es noch eines Beispieles, dass Kant in seiner Logik Kategorien als abstracteste Begriffe botrachtet, so lese man folgenden Satz: „der abstracteste Begriff ist der, welcher mit keinem von ihm verschiedenen etwas gemein hat. Dieses ist der Begriff von Etwas." (Abschn. von den Begriffen §. 6.)

VI.
Sämmtliche Einwürfe des Herrn Trendelenburg und die Art seiner Widerlegung.

Ich ziehe die Summe. Alle Versuche, welche der Verfasser der Brochüre gemacht hat, um den kantischen Satz: „alle Begriffe sind, logisch genommen, Gattungsbegriffe, durch Reflexion und Abstraction, nie durch Construction gebildet," für unkantisch zu erklären, sind vollkommen gescheitert. Sie sind gescheitert an den wörtlichen Erklärungen Kants, an den Erklärungen des Buches, mit welchem der Gegner zu triumphiren meinte, an lauter Sätzen der kantischen Logik.

Er hat nacheinander versucht die niedrigsten Artbegriffe, die Grössenbegriffe, die Kategorien. Diese Instanzen sind sämmtlich nichtig, sie sind ebenso unlogisch als sie unkantisch sind. Wo Kant sagt: „alle Begriffe ohne Ausnahme sind gemeinschaftliche Merkmale einer unendlichen Menge verschiedener möglicher Vorstellungen", da sollten nach Herrn Trendelenburg zuerst nur die Gattungsbegriffe nicht, sondern bloss die niedrigsten Arten, dann vor allem die Kategorien d. h. die allergemeinsten Begriffe gemeint sein.

Diese Auslegung nennt Herr Trendelenburg seine Widerlegung und sagt von meiner Darstellung der kantischen Lehre von Raum und Zeit wörtlich: „in der ganzen Darstellung geht von dieser Verwandlung des Begriffs in Gattungsbegriff alles Unkantische aus. Kuno Fischer hat keine Stelle Kant's beigebracht, aus welcher sich diese Abänderung des Begriffs in Gattungsbegriff auch nur von Ferne rechtfertigte, aber er beharrt auf ihr dessen ungeachtet." S. 17.)

Von dem kantischen Satz, dass alle Begriffe, logisch genommen, Gattungsbegriffe sind, sagt die Brochüre wörtlich: „der Nachweis fehlt, aber Kuno Fischer beharrt auf dem Satze dessen ungeachtet". (S. 18.) „Dies sind die Folgen von der Beharrlichkeit im Irrthum. Kuno Fischer, obgleich an das Unkantische seiner Vorstellungen erinnert, legte sie von neuem als kantisch auf." (S. 25.)

Und nachdem Herr Trendelenburg auf solche Weise meine Darstellung der kantischen Lehre als unkantisch entlarvt hat, erhebt er sich S. 34 zu folgendem Ausruf: „die deutsche Kritik mag nun das Uebrige thun! Wenn sie ihr Auge durch Glänzendes blenden liesse, so folgte sie nicht dem unbestechlichen Blicke Kant's u. s. f."

Das klingt ja fast, wie der Schluss einer Tragödie:

„Cardinal! ich habe das Meinige gethan, thun Sie das Ihre."
Nun wir wollen den Grossinquisitor erwarten und zusehen, ob er „das Uebrige" thun wird so, wie Herr Trendelenburg das Erste gethan hat.

Unterdessen will ich etwas Uebriges thun. Denn, da der Verfasser der Brochüre selbst erklärt hat, dass von der Verwandlung des Begriffs in Gattungsbegriff alles Unkantische in meiner Darstellung ausgeht, so hätte ich eigentlich nichts mehr zu thun, als ihn zu lassen. Aber ich höre die Brochüre förmlich schwirren von einer „quaternio terminorum", und ich bin auf diese Entdeckung, über welche der Gegner nicht genug triumphiren kann, in der That neugieriger, als ich nach den eben gemachten Erfahrungen sein sollte.

VII.
Die „Quaternio terminorum" des Herrn Trendelenburg.

1.

Die kantische Lehre, dass Raum und Zeit nicht Begriffe sind, sondern Anschauungen, habe ich in folgendem Schlusse dargestellt: „Raum und Zeit wären Gattungsbegriffe, wenn sie Theilvorstellungen wären, Merkmale von Räumen und Zeiten. Aber es ist umgekehrt, sie sind nicht Theilvorstellungen, sondern das Ganze. Hier ist der Nenner immer grösser als der Zähler, der Raum enthält alle Räume, die Zeit enthält alle Zeiten in sich; sie sind nicht Theilvorstellungen, also nicht Gattungsbegriffe".

Hören wir den Gegner. Er sagt (S. 16): „in Kant habe ich dies Argument nicht gefunden und ich vermisse das Citat; ich halte es auch darum nicht für kantisch, weil es, formal geprüft, den Fehler einer quaternio terminorum enthält. Der Schluss, nackt ausgedrückt, lautet so: alle Merkmale sind Theile, aber der Raum ist das Ganze (kein

Theil), also ist der Raum kein Merkmal, und inwiefern nach der obigen Annahme jedes Merkmal Gattungsbegriff ist, der Raum kein Gattungsbegriff. In diesem Schlusse spielt, abgesehen von allen anderen Schwierigkeiten, in Theil und Ganzem eine Doppelheit des Begriffs, eine Homonymie; denn das Merkmal ist ein Theil eines Begriffs, also ein Theil, logisch genommen, in Gedanken aufgefasst; aber der Raum ist das Ganze sinnlich genommen. Durch diesen Doppelsinn reisst das Band, das der Schluss im Mittelbegriff, dem Begriff Theil, zu knüpfen dachte, entzwei."
Was hier S. 16 gesagt worden, wiederholt sich dann SS. 17, 23, 24, 25, 26, 27, 28 u. s. f. Wenn etwas dadurch wahr wird, dass man es sehr oft sagt, so ist die quaternio des Herrn Trendelenburg mehr als bewiesen.

2.

Vor allem aber bemerke ich, was dem oberflächlichen Leser leicht entgehen kann, dass der Verfasser der Brochüre, als er meinen Schluss „nackt" auszog, ihm nicht bloss die Kleider, sondern auch etwas von der Haut mit abgerissen hat. Wo ich stets „Theilvorstellung" sage, da sagt er „Theil". Und nun soll ich gesagt haben: alle Theile sind Merkmale. Alle Theilvorstellungen sind Merkmale, nicht ebenso alle Theile. Unter einer Theilvorstellung versteht die Logik einen Theil von dem Begriffsinhalt einer Vorstellung. Dieser Begriffsinhalt ist eine Summe von Merkmalen; die Anschauung oder Einzelvorstellung vereinigt alle Merkmale in sich; wird nun ein oder das andere Merkmal davon abgesondert und für sich vorgestellt, so wird von dem Inbegriff der Merkmale ein Theil vorgestellt. Eben dies nennt die Logik Theilvorstellung. Daher jedes gemeinschaftliche Merkmal verschiedener Vorstellungen, d. h. jeder Gattungsbegriff, eine Theilvorstellung ist. So ist der

Begriff Mensch das gemeinschaftliche Merkmal aller menschlichen Individuen, und da jeder einzelne Mensch viele Merkmale besitzt, worin er sich von allen übrigen unterscheidet, so ist jenes gemeinschaftliche Merkmal nur ein Theil seiner Merkmale, d. h. es ist, verglichen mit der Vorstellung des einzelnen Individuums, eine Theilvorstellung. Dagegen ist nicht jeder Theil ein Merkmal. So ist die Stunde ein Theil des Tages, das Dreieck ein Theil des Vierecks, aber niemand wird sagen, dass die Stunde ein Merkmal des Tages, oder das Dreieck ein Merkmal des Vierecks sei.

Ich fordere daher die abgerissene Haut zurück und bitte, dass, wo ich „Theilvorstellung" gesagt habe, nicht dem Gegner freistehe „Theil" zu sagen. In dem Worte „Theilvorstellung" steckt keine Doppelheit; sie steckt scheinbar in dem Worte „Theil". Das Wort Theil kann Merkmal und extensive Grösse bedeuten; das Wort Theilvorstellung bedeutet nach dem Sprachgebrauch der formalen Logik nur Merkmal.

3.

Wenn der Verfasser der Beiträge und der Brochüre mein Beispiel von Cäsar und Mensch, die Stelle, wo ich es brauche, und den Zweck, zu dem es dient, mit einiger Ruhe erwogen hätte, so würde er sich nicht erlaubt haben, statt „Theilvorstellung" in der einfachen Bedeutung des Worts „Theil" in dem Schein einer doppelten Bedeutung zu setzen. Denn ich nehme zu seinen Gunsten an, dass er bei dieser Vertauschung nicht wusste, was er that.

Jenes Beispiel nämlich erläutert keineswegs einen specifisch kantischen Satz, sondern einen Satz, den Kant mit der gesammten formalen Logik gemein hat: dass die Begriffe, je mehr sie an Umfang zunehmen, um so mehr an Inhalt verlieren; dass jeder Begriff ärmer ist als die

Einzelvorstellung oder Anschauung, wovon er als Merkmal abgesondert oder abstrahirt worden. Mit diesem Satz und mit jenem Beispiel befinden wir uns noch gar nicht auf Kant's eigenthümlichem Gebiet, sondern auf dem weiten der formalen Begriffslehre. Hier also ist und kann von „kantisch" und „unkantisch" noch gar nicht die Rede sein, denn es handelt sich um einen Satz, den Kant nicht vor der formalen Logik voraus, sondern mit ihr gemein hat: um die Lehre von dem logischen Umfang und Inhalt der Begriffe und dem Verhältnisse beider. `(Kants Logik. I. Abschn. §. 7). Wenn ich die Eigenschaften oder Merkmale zähle, die das Individuum Cäsar auszeichnen, und dann die Vorstellung Cäsar unter den allgemeinen Begriff Mensch fasse: wie viel enthält dieses Individuum mehr in sich als jene Merkmale, die er mit dem letzten seiner Gattung gemein hat! Die Logik, auch die kantische, redet von einer Summe von Merkmalen, von mehr und weniger Merkmalen u. s. f. Wo von einer „Summe", von „mehr oder weniger" die Rede ist, da darf auch der Ausdruck Zahl und Zähler gebraucht werden.

Die Vorstellung also, mit der jenes Beispiel zu thun hat, ist weder specifisch kantisch noch weniger unkantisch, sondern gehört unter die Sätze der gewöhnlichen Logik und gilt, seitdem man von einer Eintheilung der Begriffe redet. Wie durfte nun Herr Trendelenburg sagen, was er einigemal wiederholt, dass ich hier eine unkantische Vorstellung für kantisch ausgebe? Wie durfte er sagen, was er einigemal wiederholt, dass ich dieses Spiel treibe mit einer „eingestandenermassen unkantischen Vorstellung?" (S. 23, 36). Wo habe ich ein solches unmögliches Geständniss gemacht? „Kuno Fischer," heisst es S. 21, „sagt nicht gerade aus: der Gedanke steht in Kant nicht, aber er sagt es auf Umwegen." Nun bemerke der Leser, wie mein Gegner „auf

Umwegen" Geständnisse herausbringt. Ich sage: ich habe mir erlaubt, die Gattung beispielsweise einmal mit dem Worte „Nenner" zu bezeichnen. Hier ist das Geständniss! ruft der Gegner. Er sagt, er habe sich erlaubt! Er hat also gestanden, dass die Vorstellung unkantisch ist. (S. 21, 23.) Die Vorstellung, um die es sich in dem Beispiele allein handelt, bezieht sich auf Inhalt und Umfang der Begriffe, auf das umgekehrte Verhältniss beider. Die kantische Logik lehrt: „Inhalt und Umfang eines Begriffs stehen gegen einander in umgekehrtem Verhältnisse. Je mehr nämlich ein Begriff unter sich enthält, desto weniger enthält er in sich und umgekehrt." So verhalten sich beispielsweise Mensch und Cäsar.

Wo also ist die unkantische Vorstellung? Wie sollte ich eingestanden haben können, dass sie unkantisch sei? Ich habe mir erlaubt, den kantischen Satz selbst zu citiren. Hört! ruft der Gegner, er hat sich erlaubt! Er hat also eingestanden, dass der Satz nicht in Kant steht!

Die specifisch kantische Lehre, ich meine seine neue Lehre, liegt nicht in dem Satz, dass alle Begriffe Gattungsbegriffe, gemeinschaftliche Merkmale, Theilvorstellungen sind, sondern sie beginnt mit der Einsicht, dass eben deshalb Raum und Zeit keine Begriffe sind, sondern Anschauungen.

Der Mittelbegriff in diesem Schluss ist „Theilvorstellung." Sehen wir zu, ob dieser Schluss mit dem Sinn und Wortlaut Kant's übereinstimmt? Herr Trendelenburg sagt nein, ich sage ja.

4.

Mein Schluss lautet: alle Gattungsbegriffe sind Theilvorstellungen oder gemeinschaftliche Merkmale; Raum und Zeit sind keine Theilvorstellungen oder Merkmale, also sind sie nicht Gattungsbegriffe, also überhaupt keine Begriffe, logisch genommen.

Der Verfasser der Brochüre bemerkt S. 24: „an die Stelle des Begriffs bei Kant setzt Kuno Fischer willkürlich Gattungsbegriff. Wir fragen, ob das eine unschuldige Vertauschung ist?" Also der Gegner hält es für unkantisch, dass statt „Begriff" gesagt werde „Gattungsbegriff" oder „allgemeiner (gemeinsamer) Begriff"; er hält es für unkantisch, diese beiden Bestimmungen für tautologisch zu nehmen. Nun erklärt Kant in seiner Logik wörtlich: „es ist eine blosse Tautologie, von allgemeinen oder gemeinsamen Begriffen zu reden". (I. Abschn. §. 1 Anm. 2.) Herr Trendelenburg erklärt demnach für unkantisch, was Kant wörtlich gesagt hat. Eben darin besteht unsere Differenz: dass ich kantische Sätze für kantisch, er aber für unkantisch hält.

Wenn Raum und Zeit keine Gattungsbegriffe sind, so sind sie, logisch genommen, überhaupt keine Begriffe: dieser Satz ist in alle Wege kantisch. Sie sind keine Gattungsbegriffe, weil sie keine Theilvorstellungen sind. Wie verhält es sich mit der kantischen Geltung dieses Mittelbegriffs?

5.

Doch lassen wir den Verfasser der Brochüre auch noch seinen zweiten Einwurf, gegen denselben Punkt gerichtet, vorbringen. Es heisst S. 25: „Kuno Fischer sagt von dem Raum und der Zeit, um den Gegensatz gegen die Merkmale des Begriffs, die Theilvorstellungen sind, zu gewinnen: „„der Raum und die Zeit sind nicht Theilvorstellungen, sondern das Ganze."" „Es ist misslich," so fährt der Gegner fort, „den unendlichen Raum, die unendliche Zeit das Ganze zu nennen, da sich uns mit einem Ganzen die Vorstellung des Umgrenzten verknüpft. Kant wenigstens thut es in jener vermeintlichen Belegstelle nicht." In Kant's Beweis ist das Unendliche, Uneingeschränkte der Grund der Erkenntniss, in Kuno Fischers Wiedergabe das Verhältniss des Ganzen zum Theil. Was kann verschiedener sein? Hieraus folgt, dass die mir vorgehaltene Belegstelle **ungefähr das Gegentheil** dessen belegt, was sie belegen soll. So leicht nimmt es mein Gegner mit den geforderten Nachweisen der Urkundlichkeit, mit den bespöttelten Citaten. Oder hofft er auf Leser seines Kant, die die Vorstellung unendlich und die Vorstellung Ganzes und Theil nicht unterscheiden können?" (S. 26 ff.)

Herr Trendelenburg liebt den Appel an die Leser. Je besorgter er um die Leser ist und je unbesorgter er mich erscheinen lässt, um so eher neigt sich der Leser auf seine Seite. Aber er sollte dann den günstigen Leser nicht in eine solche Verlegenheit bringen, wie er in der obigen Stelle gethan hat. Wo Kant „das Unendliche, Uneingeschränkte" gesagt hat, da habe ich gesagt „das Ganze". Dies findet Herr Trendelenburg erst „misslich", also doch möglich; gleich darauf aber gilt ihm mein Ausdruck für „das **Gegentheil**" des kantischen, also für vollkommen unmöglich; doch nein! er sagt nicht, dass er das Gegentheil sei, sondern er sei — „**ungefähr** das Gegentheil." Was soll nun der wohlgeneigte Leser thun? Er ist gewiss zu jeder gefälligen Annahme bereit, aber was soll er thun? Soll er meinen Ausdruck für „misslich" oder für „unmöglich" oder für „ungefähr unmöglich" halten? Wenn ich den Gegner parodiren wollte, so würde ich fragen: „hofft er denn auf Leser, die A und Nicht-A und ungefähr Nicht-A für ein und dasselbe halten?

Mein Beweis lautet: Raum und Zeit sind, was kein Begriff ist: das Ganze; also sind Raum und Zeit keine Begriffe. Die Begriffe sind, was Raum und Zeit nie sind:

„Theilvorstellungen"; also sind Raum und Zeit keine Begriffe. Dieser Beweis, sage ich, ist genau der kantische.

6.

Hier ist die Belegstelle aus der Kritik der reinen Vernunft: „der Raum wird als eine unendliche gegebene Grösse vorgestellt. Nun muss man zwar einen jeden Begriff als eine Vorstellung denken, die in einer unendlichen Menge von verschiedenen möglichen Vorstellungen als ihr gemeinschaftliches Merkmal enthalten ist, mithin diese unter sich enthält, aber kein Begriff, als ein solcher, kann so gedacht werden, als ob er eine unendliche Menge von Vorstellungen in sich enthielte. Gleichwohl wird der Raum so gedacht, denn alle Theile des Raums ins Unendliche sind zugleich. Also ist die ursprüngliche Vorstellung vom Raum Anschauung a priori und nicht Begriff." (Transsc. Aesth. §. 2. Nr. 4.)

1) Kant sagt: der Raum wird vorgestellt „als eine unendliche gegebene Grösse"; der Raum wird so gedacht, dass er „eine unendliche Menge von Vorstellungen in sich enthält"; „alle Theile des Raumes sind ins Unendliche zugleich". Etwas, das alle Theile zugleich oder als gegebene in sich begreift, ist ein Ganzes und lässt sich mit keinem andern Worte bezeichnen. Wenn eine unendliche Grösse als gegeben oder eine gegebene Grösse als unendlich vorgestellt wird, so wird sie als Ganzes vorgestellt. (So nennt auch Kant die Welt, wenn ihre Grösse als gegeben gesetzt wird, „ein an sich existirendes Ganzes"). Der Raum wird vorgestellt „als eine unendliche gegebene Grösse." Er wird vorgestellt als Ganzes. Dagegen „kein Begriff, als ein solcher, kann so gedacht werden, als ob er eine unendliche Menge von Vorstellungen in sich enthielte"; kein Begriff kann als Ganzes, als Inbegriff aller Merkmale, sondern muss

als eines oder einige Merkmale, die von dem Inbegriff aller (d. h. von der Anschauung) abgezogen sind, gedacht werden. Es gilt daher vom Raum, was von keinem Begriff gilt: er ist ein Ganzes, weil er unendlich viele Vorstellungen in sich enthält; er ist also kein Begriff. Der Mittelbegriff dieses Schlusses ist der Begriff des Ganzen. So lautet der kantische Schluss, so der meinige.

2) Kant sagt: „man muss einen jeden Begriff als eine Vorstellung denken, die in einer unendlichen Menge von verschiedenen möglichen Vorstellungen als ihr gemeinschaftliches Merkmal enthalten ist, mithin diese unter sich enthält." Das gemeinschaftliche Merkmal ist nicht der Inbegriff aller Merkmale der Einzelvorstellung, sondern ein Theil davon, eines oder einige, nie alle. Jeder Begriff ist eine Theilvorstellung. Es gilt demnach von jedem Begriff, was vom Raum nie gilt: er ist keine Theilvorstellung; er ist also kein Begriff. Der Mittelbegriff dieses Schlusses ist „Theilvorstellung". So lautet der kantische Schluss, so der meinige.

7.

Wenn nun dieser Schluss eine „quaternio terminorum" enthielte, so würde ein solcher Einwurf nicht bloss meine Darstellung des kantischen Beweises, sondern Kant selbst treffen, und mich höchstens der Vorwurf, dass ich die quaternio nicht entdeckt habe. Der Verfasser der Beiträge und der Brochüre will sie aufgefunden haben in dem Doppelsinn des Wortes „Theil". Logisch genommen, bedeute dieses Wort „Merkmal". Die Begriffe seien Theile, „logisch genommen"; Raum und Zeit dagegen keine Theile, „sinnlich genommen"; daher reisse das Band des Schlusses. Was Theil, „logisch genommen", bedeutet, hat Herr Trendelenburg gesagt; dagegen hat er nicht gesagt, was das Wort, „sinnlich genommen", bedeuten soll. Er hat den Doppelsinn nicht auseinandergesetzt und also seine „quaternio" gar nicht begründet.

Nun wollen wir annehmen, was sich allein annehmen lässt: dass Theil, sinnlich genommen, etwas von einer extensiven Grösse (Grössentheil) bedeutet. Wie steht es jetzt mit der quaternio? Jeder Begriff ist ein Theil, logisch genommen, d. h. ein Merkmal. Raum und Zeit sind keine Theile: sie sind es weder logisch noch sinnlich genommen. Nicht bloss alle Theile des Raumes sind nur im Raum möglich, sondern auch alle Merkmale des Raums. Rechts und links, oben und unten, vorn und hinten, die verschiedenen Arten der Richtung und Gestaltung, die unendlich vielen verschiedenen Vorstellungen, die hier möglich sind, wird Niemand Theile des Raumes, wohl aber Eigenschaften oder Merkmale desselben nennen. Der Raum begreift diese unendliche Menge von Vorstellungen nicht unter sich, sondern in sich. Wo bleibt die „quaternio"?

Selbst wenn wir dem Gegner einräumen wollten, dass er an dieser Stelle „logisch genommen" und „sinnlich genommen" einander entgegensetzen und in dem Worte Theil einen Doppelsinn annehmen dürfte, so würde das zu seiner quaternio gar nichts helfen, denn Raum und Zeit sind keine Theile, sinnlich genommen; sie sind auch keine Theile, logisch genommen. Mit seiner quaternio also hat es keine Gefahr, und es ist fast zum Lachen, wenn er S. 32 sagt: „jene tödtliche quaternio terminorum". Er hält die quaternio fortwährend in der Hand, wie ein drohendes Gewehr, vor dem man sich in Acht nehmen müsse, er legt gegen mich an und thut, als ob er losdrücken wolle, um mich zu erschiessen, er drückt auch, aber es geht nicht los, denn sie ist nicht geladen — „diese tödtliche quaternio terminorum!" — Zwei verschiedene Worte sind nicht immer auch zwei verschiedene Begriffe.

8.

Nach dem Verfasser der Brochüre soll der Mittelbegriff des kantischen Schlusses „des Begriff der unendlichen Vorstellungen oder der verwandte Begriff des Uneingeschränkten" sein. (S. 26.)

1) Sieht er denn nicht, dass er auf diesen Mittelbegriff seine vermeintliche „quaternio terminorum" ebenfalls anwenden, dass ihm dieser Mittelbegriff auch erscheinen muss als „sinnlich genommen" in Rücksicht des Raumes und der Zeit?

2) Aber wo steht denn bei Kant dieser Mittelbegriff: „unendliche Vorstellungen"? Der kantische Mittelbegriff ist „eine unendliche Menge von verschiedenen möglichen Vorstellungen", die der Begriff unter sich, der Raum dagegen in sich befasst". Herr Trendelenburg sagt: „der Begriff der unendlichen Vorstellungen oder der verwandte Begriff des Uneingeschränkten". Was soll das heissen? Inwiefern ist der Begriff des Uneingeschränkten mit der unendlichen Menge verschiedener möglicher Vorstellungen „verwandt"? Das Uneingeschränkte ist unendliche Grösse. Soll etwa statt „der unendlichen Menge verschiedener möglicher Vorstellungen" auch gesagt werden dürfen „unendliche Grösse"? Dann müssten ja die Begriffe die unendliche Grösse unter sich, der Raum in sich befassen!

3) Doch ich sehe, dass Herr Trendelenburg gar nicht beachtet hat, was eine unendliche Menge verschiedener möglicher Vorstellungen logisch bedeutet, da er sie gleichsetzt oder für „verwandt" hält mit „dem Uneingeschränkten". Was unendlich viele Vorstellungen in sich enthält, braucht darum keineswegs „uneingeschränkt" zu sein. Jede einzelne empirische Vorstellung, so beschränkt sie ist, enthält eine Fülle von Merkmalen, die sich durch logische Determination niemals vollenden lassen. Eben deshalb ist die

Einzelvorstellung kein Begriff, sondern Anschauung. „Da nur einzelne Dinge oder Individuen durchgängig bestimmt sind", sagt Kant in seiner Logik, „so kann es auch nur durchgängig bestimmte Erkenntnisse als Anschauungen, nicht aber als Begriffe geben; in Ansehung der letzteren kann die logische Bestimmung nie als vollendet angesehen werden." (Abschn. I. §. 15.)

Was eine unendliche Menge von verschiedenen möglichen Vorstellungen in sich enthält, ist nicht Begriff, sondern Anschauung. Der Raum enthält eine solche unendliche Menge von Vorstellungen in sich, also ist der Raum kein Begriff, sondern Anschauung. Jeder Begriff enthält eine unendliche Menge verschiedener möglicher Vorstellungen unter sich; der Raum enthält nichts unter sich, also ist der Raum kein Begriff, sondern Anschauung. Dasselbe gilt von der Zeit. Der Mittelbegriff wird in beiden Fällen nur in dem einen Sinn genommen, wie die Logik die Merkmale nimmt, die den Inhalt einer Vorstellung ausmachen.

9.

Und nun möchte ich wissen, was sich der Gegner eigentlich gedacht hat, als er an dieser Stelle „sinnlich genommen" und „logisch genommen" einander entgegensetzte? Schwerlich etwas Klares. Denn so unschuldig und nichtssagend auch an dieser Stelle jener vermeintliche Gegensatz und Doppelsinn ist, so kann ich hier nicht einmal die Möglichkeit desselben einräumen. Es handelt sich um die Merkmale der Vorstellungen, um die Theilvorstellungen im Sinne der gewöhnlichen Logik. Jedes Merkmal ist abstrahirt, d. h. es wird „logisch genommen". Jedes Merkmal ist abstrahirt — wovon? Von einer Anschauung oder sinnlichen Vorstellung, entweder mittelbar oder unmittelbar: es ist in dieser Rücksicht „sinnlich genommen". Jene eingebildete „Doppelheit", wovon der Gegner so viel Aufhebens macht, findet demnach in diesem Falle gar nicht statt, und er hat auch mit keinem Worte gesagt noch sagen können, worin sie eigentlich besteht, und inwiefern hier „sinnlich genommen" etwas ganz anderes ist als „logisch genommen."

Ich zeige jetzt den Grund der ganzen Verwirrung. „Sinnlich genommen" und „logisch genommen" können begreiflicherweise erst dann als Gegensätze gelten, wenn Sinnlichkeit und Verstand als Gegensätze einleuchten; diese sind Gegensätze, wenn Raum und Zeit nicht Begriffe, sondern Anschauungen oder sinnliche Vorstellungen sind: sie sind es erst dann und nur darum. Vor dem Beweise also, dass Raum und Zeit Anschauungen und keine Begriffe, dass sie sinnlicher, nicht logischer Natur sind, ist der Gegensatz von „sinnlich genommen" und „logisch genommen" noch völlig tonlos. Ein Gegensatz, der erst in Folge des kantischen Beweises zum Gegensatz wird, kann in den Prämissen eben dieses Beweises noch keine Stelle haben. Zunächst gelten Raum und Zeit als Vorstellungen, wie alle übrigen Begriffe, als Vorstellungen im Sinn der gewöhnlichen Logik; jetzt zeigt Kant, dass von Raum und Zeit gilt, was von keinem der allgemeinen (gemeinsamen) Begriffe gilt und umgekehrt, dass daher Raum und Zeit anderer Natur sind, als die Gattungsbegriffe, dass sie keine Begriffe sind, sondern Anschauungen. Jetzt erst erhellt der Gegensatz der rein sinnlichen Vorstellungen und der begrifflichen: ein Gegensatz, den erst Kant durch jenen Beweis entdeckt und einleuchtend gemacht hat, da vor ihm der Unterschied beider nur in den Grad der Deutlichkeit, nicht in die Art der Vorstellung gesetzt wurde. (Vergl. damit unten XI. 1 und 2.)

Der Gegner hat demnach 1) in meine Darstellung des

kantischen Schlusses eine vermeintliche „quaternio terminorum" hineingelegt, indem er meine Worte veränderte, 2) diese vermeintliche „quaternio" in dem kantischen Schlusse nicht gefunden, während er sie hier ebenso sehr hätte finden müssen, 3) nicht gesehen, dass sein vermeintlicher Gegensatz, selbst wenn er möglich wäre, den Mittelbegriff des fraglichen Schlusses gar nicht trifft, 4) völlig ausser Acht gelassen, dass an der Stelle, wo er den vermeintlichen Gegensatz versteckt glaubte, derselbe noch gar nicht stattfinden kann, 5) überhaupt nicht gesagt, inwiefern sein vermeintlicher Gegensatz einen wirklichen Gegensatz ausmacht.

VIII.
Der Verfasser der „Beiträge" und der Brochüre.

1.

Es ist ebenso leicht, eine quaternio terminorum zu finden, wo sie nicht ist, als sie zu übersehen, wo sie ist. Der Gegner hat sich etwas zu leichtfertig eine quaternio eingebildet, wo sie nicht ist, und giebt mir ebenso leichthin Schuld, sie hier übersehen zu haben.

Zu diesem Mangel an Ueberlegung kommt ein zweiter. Jene quaternio, die er entdeckt zu haben wähnt, musste er ebenso wohl in Kant finden, als in meiner Darstellung Kant's. Er hat nicht gesagt, worin sie näher besteht. Er hat nicht gesagt, warum diese seine „quaternio terminorum" den kantischen Schluss nicht trifft. Er hat gewünscht, sie nur bei mir zu finden, aber in solchen Fällen helfen die frommen Wünsche nichts.

Dieser zweite Mangel an Ueberlegung ist schlimmer, als der erste, denn er enthält ein Unrecht, das ich der ungezügelten polemischen Absicht zugeschrieben und das erstemal unerörtert gelassen habe. Ich sah, dass ich in jenem Einwurfe einen ganzen Knäuel falscher Vorstellungen zu entwirren hätte, und konnte den Raum dafür in meinem Buche nicht aufwenden.

Diese Erklärung gilt dem Verfasser der „Beiträge".

2.

Mit dem Verfasser der Brochüre dagegen verhält es sich in diesem Punkte weit schlimmer. Die Sache ist dieselbe. Aber die Haltung, welche der Gegner gegen mich annimmt, wird man aus folgender Stelle beurtheilen, die ich wörtlich herschreibe. Er sagt S. 28: „warum erledigte denn nicht Kuno Fischer den schweren Vorwurf eines Fehlschlusses, zumal er ihn mit dem Vorwurf eines Sophisma für gleichbedeutend hält?" „Dessenungeachtet erledigt er den Vorwurf nicht, sicher hätte er es gethan, wenn er gekonnt hätte; er schweigt und legt den Fehlschluss, der nun zum Sophisma seines Kant wurde, von neuem auf. Gewarnt druckt er alles, wie es war, von neuem ab. Er gab als kantisch, was er als unkantisch wusste".

Diese Stelle möge mir beiläufig bezeugen, wie Herr Trendelenburg das Schweigen des Gegners auslegt, und dass ich über diesen Punkt im Eingange dieser meiner Gegenschrift nicht zu viel gesagt habe. (Oben S. 4 ff.)

Ich bin auch für unerbetene „Rathschläge", „Erinnerungen", „Warnungen" nicht unempfindlich und nehme sie dankbar an, wenn sie gut sind. Aber ich muss die Freiheit haben, sie zu prüfen und unbefolgt zu lassen, wenn ich sie schlecht und untauglich finde. In diesem Fall bin ich dem Herrn Trendelenburg gegenüber, der mir ungebeten „Rathschläge", „Erinnerungen", „Warnungen" zu ertheilen nicht müde wird und zu fordern scheint, dass ich sie annehmen und befolgen müsse, als ob es Gebote wären, die er mir dictirt. Ich finde, dass diese Art, mich zu berathen, zu erinnern und sogar zu „warnen", mir etwas zu nah auf den Leib rückt, dass sie die wissenschaftliche und persönliche Grenze, welche dem Gegner zukommt, überschreitet und sich einen Uebergriff erlaubt, der in dem Gebiete der Anmassung eben so weit geht, als er heruntersteigt unter das Mass dessen, was sich ziemt.

Um also zu reden, wie es sich ziemt, so hat er gegen eine Stelle meiner Darstellung Kant's nicht eine „Warnung", sondern ein Bedenken geäussert. Ich habe dieses Bedenken beachtet, aus den obigen Gründen für völlig nichtig erkannt und mit Stillschweigen übergangen. Jetzt wird mir der unerhörte Vorwurf gemacht, dass ich mit völliger Ueberzeugung von der Richtigkeit seines Bedenkens dasselbe nicht beachtet und mit völliger Ueberzeugung von der Unrichtigkeit meiner Darstellung die letztere wiederholt habe. Er muss also seine Bedenken für Orakelsprüche halten, sonst wäre es unmöglich, auf die einfache Thatsache, dass ich eines seiner Bedenken mit Schweigen übergangen habe, einen solchen Vorwurf zu gründen. Er muss meinen, dass ich unter seiner Censur stehe, ohne mich rühren zu dürfen, sonst sehe ich nicht, wie er sich erlauben kann, einen Vorwurf wie diesen niederzuschreiben: „gewarnt druckt er alles, wie es war, von neuem ab."

Nun war jenes Bedenken, mild ausgedrückt, ein Versehen seinerseits, worin, wie ich nachgewiesen habe, ein Mangel an Ueberlegung zum andern kam. Meine Schuld besteht also darin, dass ich sein Versehen nicht augenblicklich und unbedenklich zu dem meinigen gemacht habe, nicht lieber mit ihm habe irren wollen als die Sache der kantischen Lehre aufrecht erhalten. Und nun richtet er gegen mich die Beschuldigung einer absichtlich falschen Lehre und schreibt wörtlich: „er gab als kantisch, was er als unkantisch wusste."

Dieses Meisterstück seiner Polemik ist werth, dass ich es etwas näher beleuchte. Es ist diesem Gegner nicht genug, dass er mir „Warnungen" dictirt, die ich als Gebote zu achten habe, er dictirt mir auch meine Ueberzeugung. Es ist nicht genug, dass er selbst nicht den leisesten Zweifel hat, ob die Bedenken, die ihm eingefallen sind, auch richtig waren: er ist völlig gewiss, dass auch ich von der Wahrheit seiner Bedenken ganz überzeugt sein müsse. Ob ich es wirklich bin oder nicht, was kümmert es ihn? Er hat gesprochen, ich habe gehört, also ich war „erinnert", „gewarnt", belehrt und wusste jetzt, was kantisch und unkantisch war. Doch habe ich nicht gehorcht „Ich gab als kantisch, was ich als unkantisch wusste." Nicht also in einer Art Verblendung, sondern mit völliger Klarheit habe ich einmal die grösste und unbegreiflichste aller Thorheiten begangen, indem ich wissentlich mein eigenes Werk zerstört habe, und dann einer Handlung mich schuldig gemacht, die um nichts besser ist, als eine Fälschung, als ein Betrug. Es ist nicht genug, dass der Gegner auf einen Einfall hin diesen schimpflichen Verdacht in der Stille gegen mich fasst, er muss eine Genugthuung dafür haben, dass seine „Warnung" unbefolgt blieb, er muss den Satz gedruckt sehen: „er gab als kantisch, was er als unkantisch wusste."

Und dieser Mann konnte mir „Uebermuth der Sprache" vorwerfen! Er konnte auf den Titel seiner Schrift den Spruch setzen: „die Wahrheit erzeugt den Hass!" Um so ungescheuter durfte in der Schrift selbst der Hass die Unwahrheit erzeugen.

Dass ich es in dieser Sache mit einem unkundigen Gegner zu thun hatte, wusste ich, als ich das erste Wort gegen ihn schrieb; aber ich hätte nie geglaubt, dass die verletzte Eitelkeit ihn so weit treiben könnte, etwas Unwürdiges zu thun, etwas so Unwürdiges, als die Stelle enthält, die ich mit seinen Worten angeführt habe. Hätte er sie niederschreiben können, wenn er die Absicht hatte gerecht zu sein?

3.

Ich hatte von diesem Gegner nur gesagt, dass ich „zweifelte", ob er mir hier überhaupt gerecht werden wolle und könne, denn ich wusste ja nicht, dass seine Absicht weit über das Ziel einer gewöhnlichen Ungerechtigkeit hinausreiche. Ich zweifelte an seinem Wollen, weil er Bedenken völlig unbestimmter und leerer Art vorgebracht hatte, die keinen Gegenstand, sondern nur den Wunsch des Tadels zeigten, Bedenken selbst ohne den Schein eines Grundes, die ich in der Vorrede meines Kant und im Eingange dieser Schrift näher charakterisirt habe. Auf diese Thatsache gestützt, habe ich an seinem Willen, mir gerecht zu werden, gezweifelt.

Was aber den andern Punkt betrifft, ob er mir gerecht werden konnte, so berief ich mich auf seine eigne Erklärung. Er sagt (Beitr. S. 258: „ehe ich dem Geschichtschreiber Kant's zu widersprechen und in seiner Darstellung Kant's so wesentliche Gedanken als nicht kantisch zu bezeichnen wagen durfte, lag es mir ob, allen Fleiss anzukehren, in der eigenen Erinnerung alle Spuren aufzusuchen und in Kant's Werken immer von neuem nachzuschlagen und hin- und herzulesen, — und doch konnte ich, da der Verfasser mir zu wissen nicht gegönnt hatte, welche Stelle Kant's ihm vorgeschwebt habe, die letzte Gewissheit in dieser nachforschenden und nachrechnenden Probe nicht erreichen. Nur die für einen solchen Zweck schätzbaren Wörterbücher Mellin's gaben mir zuletzt einiges Vertrauen, dass ich mich in meinem oft und vielgelesenen Kant wirklich nicht irrte."

Auf Grund dieser von ihm selbst gegebenen Beschreibung seines kritischen Verfahrens habe ich mich so geäussert: „bedenke ich, um **welche** Stellen, um welche **Cardinalpunkte** der kantischen Lehre es sich hier handelt, so befremdet mich sowohl die Unsicherheit, welche der Verfasser der hist. Beitr. sich selbst zuschreibt, als die Sicherheit, womit er trotzdem über mich aburtheilt, nicht bloss in einzelnen Punkten, sondern im Ganzen. Dieses Aufsuchen aller Spuren in der eigenen Erinnerung, dieses Hin- und Herlesen in Kant, zuletzt als einzige Zuflucht nicht Kant, sondern Mellin's Register und Wörterbücher der kritischen Philosophie, **alles** Vertrauen, sich in Kant nicht zu irren, auf diese Wörterbücher gesetzt, und am Ende doch nur **einiges Vertrauen**, sich nicht zu irren: — in einer solchen Verfassung sollte billigerweise niemand über den Thatbestand einer kantischen Lehre, über die Aechtheit oder Unächtheit einer Darstellung derselben als Richter aburtheilen; in einer solchen Verfassung kann man sich leicht über „Lücken" täuschen und sie an einem Orte sehen, wo sie in Wahrheit nicht sind."

Diese Selbstschilderung nennt der Gegner in der Brochüre (S. 37) „eine arglose Erzählung". Ich habe sie auch so genommen, als ein einfaches Zeugniss, dass er in den Schriften Kant's nicht einheimisch ist und Unrecht thut, über den Werth meiner Arbeit, welche die Frucht vieler Jahre ist, mit leichtfertiger Sicherheit abzuurtheilen, da er doch selbst sagt, dass er am Ende nur „**einiges Vertrauen**" gehabt habe, sich nicht zu irren, das nicht einmal aus Kant geschöpft war, sondern aus Mellin. Warum hat er trotzdem **so viel** Vertrauen, sich in seinem Urtheil über mich nicht zu irren? So unsicher ist sein Urtheil begründet, und so sicher tritt es gegen mich auf: dieser Contrast war zu beleuchten, und ich that es mit seinen eigenen Worten, die ich keineswegs im Gegensatz zu der „arglosen Erzählung" etwa arglistig ergriffen und ausgelegt, sondern einfach angeführt habe. Wenn er jetzt dieses so beschriebene Verfahren rühmt als ein Muster der Vorsicht und als ein Beispiel philologischer Kritik, so vergisst er 1) dass die Vorsicht die Unsicherheit nicht ausschliesst und in dem vorhandenen Fall auch nicht beseitigt, 2) den Unterschied zwischen den Texten alter Schriftsteller und den kantischen Werken, 3) dass es sich hier um solche Stellen, solche Cardinalpunkte der kantischen Lehre handelt, für welche kein Kenner den Mellin jemals aufgeschlagen hat. Ich brauche nicht erst Philologen zu fragen, ob das Verfahren, das Herr Trendelenburg hier als seine „nachrechnende Probe" schildert, der philologischen Kritik gleicht? Ich kann „die gebührende Antwort", die ich empfangen soll, selbst geben. Ein Verfahren, das kantische Fragen aus dem Wörterbuche Mellins zu entscheiden unternimmt, ist keine kritische Methode. „Indessen wer gewinnt und verliert dabei," fragt der Verfasser der Brochüre (S. 38) „wenn mein Gegner einer kritischen Methode die Achtung versagt?" In der That wüsste ich nicht, was ich verloren hätte, weil ich diese „Methode", die mit der kritischen nichts gemein hat, anzuwenden niemals nöthig gehabt habe, ich meine die mellin'sche Methode, und ich sehe auch nicht, was diese „Methode" dem Gegner geholfen.

Ich habe es nicht als einen Vorwurf, sondern in der Form des Zweifels ausgesprochen, ob mir der Gegner in dieser Sache gerecht werden wolle und könne. Ein solcher Zweifel, auf offene Gründe gestützt, ist in allen Fällen erlaubt. Will ihn der Gegner als Vorwurf nehmen, so sei es. Auch so enthält meine Aussage keine Beleidigung und nichts, dass ich ohne dargelegten Grund gesagt hätte. Wenn nun Herr Trendelenburg jenen Doppelvorwurf am Ende seiner

Brochüre wiederholt und hinzufügt: „ich breche ab und verhandle mit einem Gegner, der ein Argument dieser Art vorbringt, nicht weiter" (S. 40), so wundere ich mich nicht mehr über den beleidigenden Ausdruck, der ja nur im Grundton der ganzen Schrift endet, sondern blos darüber, dass ihm der Einfall, nicht weiter zu verhandeln, erst kommt nachdem er 40 Seiten geschrieben und nichts mehr zu verhandeln hat Was ich gesagt habe, wusste er ja, bevor er anfing zu schreiben! Dieser Schluss seiner „Entgegnung" ist wohl mehr eine rhetorische Figur als ein logischer Gedanke. Auch habe ich jenen Zweifel keineswegs als ein „Argument" vorgebracht, sondern gestützt auf die vorhergehenden Beweisgründe und auf die Argumente des Gegners.

Was aber soll ich sagen, dem er mit der Unempfindlichkeit einer leeren und übertriebenen Anmassung die schwerste Beleidigung zugefügt hat, die sich denken lässt? Da ich nicht mit ihm zu verhandeln, sondern gegen ihn zu schreiben habe, so fahre ich fort.

IX.
„Eine schlichte Vergleichung".
1.

Ich werde noch einmal zurückgewiesen auf den Ausgangspunkt des ganzen Streites. Herr Trendelenburg hatte in seinen logischen Untersuchungen erklärt, Kant habe „mit keinem Worte" bewiesen, dass Raum und Zeit nicht auch für die Dinge an sich gelten, nicht auch objective Formen in diesem Sinne sein können. Raum und Zeit können subjectiv sein, wie Kant will, und zugleich objectiv in dem Sinne, den Kant verneint. „Kant hat kaum an die Möglichkeit gedacht, dass sie beides zusammen seien." Von ihrer eigenen Theorie sagen die Untersuchungen: „mit dieser Anschauung wird in der That das Wahre der kantischen Ansicht aufbehalten und die Lücke ausgefüllt." (Log. Unters. 2. Aufl. I. S. 163 u. 166.) Dass Kant „kaum" an jene Möglichkeit gedacht, ist unrichtig; denn er hat selbst in einer seiner Schriften gelehrt, dass der Raum ursprüngliche Anschauung und zugleich ursprüngliche Realität sei. Natürlich konnte diese Annahme nur in einer seiner vorkritischen Schriften vorkommen, sie findet sich in der letzten jener Untersuchungen, in der Abhandlung „von dem ersten Grunde des Unterschiedes der Gegenden im Raum" (1768). Ich habe auf den wichtigen und einleuchtenden Zusammenhang hingewiesen zwischen dieser Schrift auf der einen, der Habilitationsschrift (1770) und den Prolegomena (1783) auf der anderen Seite. (Meine Gesch. der neueren Philos. III. Bd. 2. Aufl. S. 263—65.)

Diesen meinen ausführlich entwickelten Gründen hat die Brochüre nichts entgegengesetzt; sie wiederholt, dass die vorkritische Schrift vorkritisch sei.

2.

Die logischen Untersuchungen haben ihre eigene Ansicht als eine solche bezeichnet, die „das Wahre der kantischen Ansicht aufbehalte und die Lücke ausfülle." Die „Beiträge" finden es „ungereimt" und widersinnig", dass ich gesagt, Herr Trendelenburg wolle die kantische Ansicht durch die seinige ergänzen. „Es wäre ein eigenes Unterfangen", bemerken die Beiträge, „ein so in sich ganzes System, wie Kant's, zu ergänzen." Sie sagen das wörtlich in einem Aufsatz, der die Ueberschrift führt: „über eine Lücke in Kant's Beweise von der ausschliessenden Subjectivität des Raumes und der Zeit." Was im Texte „ein so in sich ganzes System" ist, das ist in der Ueberschrift ein so in sich lückenhaftes.

Was erwiedert die Brochüre? Sie nennt diesen meinen Beweis ein „Wortgefecht". „Kuno Fischer spinnt dies aus einem missverstandenen Ausdruck heraus, was für die Sache gleichgültig ist." (S. 4.) Die Menge des „Gleichgültigen" ist bei dem Verfasser der Brochüre sehr gross.

Mein „Missverständniss" aber besteht darin, dass ich nach den ersten zehn Seiten des Beitrages noch nicht vergessen hatte, was in der Ueberschrift stand.

3.

Die Beiträge haben mich getadelt, dass ich in der Darstellung der kantischen Lehre von Raum und Zeit für die Anlage des Beweises die Prolegomena zur Richtschnur genommen und den Weg der letzteren für den ursprünglichen der kantischen Entdeckung angesehen. Das erste sei dem Gedanken Kant's nicht gemäss, das zweite sei aus Kant nicht begründet. Nun ist beides in meinem Werke auseinandergesetzt: ich schreibe ausserdem noch eine besondere Anmerkung, welche dem Gegner zeigt, wie das erste dem Gedanken Kant's völlig gemäss und das zweite in dem Ausspruche Kant's selbst völlig begründet ist. (Bd. III. S. 315 ff.)

Was hat die Brochüre entgegnet? Buchstäblich nichts, obwohl ihr Verfasser sagt, er hoffe zu zeigen, dass er sich in keinem Stücke irrte. (S. 9.)

4.

Kant habe kaum an die Möglichkeit gedacht, dass Raum und Zeit auch objective Formen der Dinge an sich sein können, er habe in seinen kritischen Untersuchungen diese Möglichkeit nicht widerlegt; er habe bewiesen, dass sie blos subjectiv seien, er habe die Unmöglichkeit nicht bewiesen, dass sie zugleich das Gegentheil sind. Er habe dies „mit keinem Worte" bewiesen. So meint Herr Trendelenburg. Diese Meinung ist nicht bloss falsch, sondern lässt den Thatbestand der kantischen Lehre völlig ausser Acht. Es ist etwas Anderes, die kantischen Beweise bestreiten, etwas Anderes, behaupten, dass sie gar nicht vorhanden sind, dass sich bei Kant „kein Wort" solcher Beweise finde. Diese Beweise sind geführt: in der Habilitationsschrift, in der transsc. Aesthetik, in der transsc. Dialektik aus den kosmologischen Antinomien, in den Prolegomena, in den metaphysischen Anfangsgründen der Naturwissenschaft aus der unendlichen Theilbarkeit der Materie, deren Widerspruch unlösbar wäre, wenn der Raum etwas an sich wäre, in der Kritik der praktischen Vernunft aus dem Vermögen der Freiheit, welches unmöglich wäre, wenn die Zeit etwas Reales an sich wäre. Ich erinnere an die vielen und wichtigen Stellen, in denen Kant ausdrücklich lehrt, wie transsc. Idealität und empirische Realität nothwendig beisammen sind, denn sie verhalten sich, wie Bedingung und Bedingtes, dagegen transsc. Idealität und transsc. Realität nothwendig einander ausschliessen oder unmöglich beisammen sein können.

Was wird entgegnet? Ueber die Beweise, die sich auf die endlose Theilbarkeit der Materie und auf das Vermögen der Freiheit gründen, wird gänzlich geschwiegen.

Die Habilitationsschrift, die transsc. Aesthetik, die Prolegomena führen übereinstimmend den Beweis, dass Raum und Zeit blosse Anschauungen sind, aus der Thatsache der reinen Mathematik. Wir wollen sehen, was gegen diesen Punkt die Beiträge gethan haben, und was gegen meine Erwiederung die Brochüre thut. Es handelt sich hier um einen jener eminenten Hauptpunkte, von dessen genauester Fassung das Verständniss der Lehre abhängt.

5.

Ich sage im Sinne Kants: wäre der Raum und die Zeit etwas Reales an sich, so würde daraus die Unmöglichkeit der Mathematik folgen. Die Mathematik als allgemeine und nothwendige Erkenntniss ist nach Kant nur möglich unter der Bedingung, dass Raum und Zeit reine oder blosse Anschauungen sind.

Die Beiträge entgegnen (§. 244 ff.): „für diesen Punkt und dessen Ausführung fehlt das Citat, und der Leser möge die Stelle suchen, die genau entspräche. Schwerlich wird er sie finden; wenigstens nimmer den Schluss: so würde daraus die Unmöglichkeit der Mathematik folgen. Kant kann nur meinen: so bliebe die (innere) Möglichkeit der reinen Mathematik unerklärt, was einen ganz anderen Sinn hat und eine behutsamere Behauptung ist, als der weitausgreifende Satz: so würde daraus die Unmöglichkeit der Mathematik folgen."

Hier ist, was ich erwiedert habe. Nach dem Verfasser der Beiträge soll Kant nur gemeint haben, die Möglichkeit der reinen Mathematik bliebe unerklärt. Nach mir musste Kant meinen, sie bliebe unerklärlich und darum unmöglich.

Dies musste Kant nicht bloss meinen, sondern sagen. Und er hat es gesagt. Er wollte zeigen, dass die Mathematik als Wissenschaft nur möglich sei, wenn Raum und Zeit ursprüngliche und reine Anschauungen sind. Warum hätte er sonst die Frage gestellt, welche die erste Grund- und Hauptfrage der ganzen Kritik ausmacht: „wie ist reine Mathematik möglich?"

Hier sind die Citate. Die transsc. Aesth. (I. Abschn. §. 3) sagt: „unsere Erklärung macht allein die Möglichkeit der Geometrie als einer synthetischen Erkenntniss a priori begreiflich." Ebendaselbst (II. Abschn. §. 5) heisst es: „also erklärt unser Zeitbegriff die Möglichkeit so vieler

synthetischer Erkenntnisse a priori, als die allgemeine Bewegungslehre darlegt." Die Prolegomena (I. Th. §. 12) sagen: „also liegen doch wirklich der Mathematik reine Anschauungen a priori zu Grunde, welche ihre synthetischen und apodiktisch geltenden Sätze möglich machen, und daher erklärt unsere transsc. Deduction der Begriffe in Raum und Zeit zugleich die Möglichkeit einer reinen Mathematik, die ohne eine solche Deduction zwar eingeräumt, aber keineswegs eingesehen werden könnte."
Kant erklärt also wörtlich, dass die reinen Anschauungen a priori die Mathematik als Erkenntniss möglich machen". Die Mathematik ist nur unter dieser Bedingung möglich, also ist sie ohne diese Bedingung unmöglich. Es wäre nach alle dem nicht kantisch zu sagen, aus dem Gegentheile der transsc. Aesthetik folge die Unmöglichkeit der Mathematik? Diese Erklärung wäre „weniger behutsam" als Kant's unzweideutige Aussprüche? Nach den „Beiträgen" soll Kant nur meinen können, dass dann die Möglichkeit der reinen Mathematik „unerklärt" bliebe. In Wahrheit kann er dies weder meinen noch sagen. Er sagt vielmehr an so vielen Stellen: dann bliebe die Möglichkeit der reinen Mathematik unerklärlich, unbegreiflich; sie müsse eingeräumt werden, denn die Thatsache sei da, aber keineswegs könne sie eingesehen werden. Wenn Kant nur meinte, jene Möglichkeit bliebe „unerklärt", so wäre nicht ausgeschlossen, dass sie nach einer anderen Theorie erklärt werden könnte. Wenn er aber sagt, sie bleibt unerklärlich, so hält er seine Theorie für die einzige Möglichkeit der Erklärung. Die Thatsache der reinen Mathematik ist nur unter dieser Theorie erklärbar, sie ist nur unter den hier aufgestellten Bedingungen möglich. Ohne die kantische Theorie ist die reine Mathematik ein unbegriffenes, bloss

eingeräumtes, nicht eingesehenes Factum; unter dem Gegentheil der kantischen Theorie wird sie ein unmögliches. Das ist Kant's Meinung in genauer Uebereinstimmung mit seinen Worten, mit dem Buchstaben und Geist seiner Lehre. Wenn aber keine reine Mathematik möglich ist, so giebt es auch keine angewandte, überhaupt keine Mathematik als apodiktische Erkenntniss. Kant sagt auch statt „reine Mathematik" schlechtweg „Mathematik".

Hätte sich Kant in diesem Fall „behutsamer" ausdrücken wollen und einer anderen Theorie die Möglichkeit der Erklärung offen gehalten, so musste er die ganze Vernunftkritik unterlassen. Die „grössere Behutsamkeit" wäre in diesem Falle vollkommen nichtssagend gewesen. Diese Art der Behutsamkeit war nicht die kantische. Es giebt eine Vorsicht, die aus Unsicherheit entspringt und unsicher bleibt; eine andere, auf die sich die Sicherheit gründet. Kant's Art war die letztere. Die Vorsicht ist nicht immer die Mutter der Weisheit, sie ist häufig auch die Tochter der Unsicherheit.

Was entgegnet nun in diesem höchst wichtigen Punkte auf diese meine Erwiederung die Brochüre? Sie entgegnet buchstäblich nichts, aber der Verfasser sagt (S. 9): „ich hoffe zu zeigen, dass ich mich in keinem Punkte irrte." Dass er nichts entgegnet hat, zeigt „eine schlichte Vergleichung", wie er sie wünscht. Doch nennt sich die Brochüre auf ihrem Titel „eine Entgegnung".

6.

Kant betrachtet seine Antinomien als indirecte Beweise der transsc. Aesthetik; sie beweisen nach Kant die Unmöglichkeit, dass Raum und Zeit etwas Reales an sich sind.

Die „Beiträge", welche eben diese Beweise bei Kant vermissen, erklären (S. 232 ff.): „Kant bringt hier die erste

Antinomie als indirecten Beweis seiner transsc. Aesthetik; es wäre unkritisch, die anderen mit der ersten für denselben Zweck zusammenzuraffen. Kant ist darin vorsichtiger als Kuno Fischer."

Es handelt sich um diesen Punkt. Es handelt sich nicht um die Frage, ob die kantischen Antinomien bestritten werden können, sondern bloss darum, ob Kant nur die erste seiner Antinomien oder alle vier als solche indirecte Beweise ansieht und angesehen wissen will?

Im ersten Fall bin ich in meiner Darstellung Kant's „weniger vorsichtig". Diese „weniger vorsichtige" Darstellung ist dann falsch. Im andern Fall ist der Einwurf des Gegners nicht bloss sehr unvorsichtig, sondern so ungerecht, als ein unüberlegter und ohne Rücksicht auf die Sache vorgebrachter Tadel nur sein kann.

Nun sagt Kant (Ant. d. r. Vern. 7. Abschn.) wörtlich: „aus der Antinomie der reinen Vernunft bei ihren kosmologischen Ideen kann man einen wahren, zwar nicht dogmatischen, aber doch kritischen und doctrinalen Nutzen ziehen, nämlich die transsc. Idealität der Erscheinungen dadurch indirect zu beweisen, wenn jemand etwa an dem directen Beweise in der transsc. Aesthetik nicht genug hätte. Der Beweis würde in diesem Dilemma bestehen: wenn die Welt ein an sich existirendes Ganzes ist, so ist sie entweder endlich oder unendlich. Nun ist das erstere sowohl als das zweite falsch laut der oben angeführten Beweise der Antithesis einer- und der Thesis andererseits. Also ist es auch falsch, dass die Welt ein an sich existirendes Ganzes sei. Woraus denn folgt, dass Erscheinungen überhaupt ausser unseren Vorstellungen nichts sind, welches wir eben durch die transsc. Idealität derselben sagen wollten. Diese Anmerkung ist von Wichtigkeit. Man sieht daraus, dass

ches Wort auf das der Anschauung Gegenwärtige geht, noch
conceptus singularis mit Singularbegriff zu übersetzen sein."
(S 29.)

Der spätere Kant müsste also seine eigene Stelle so übersetzen: „die Vorstellung des Raumes ist einzelne Anschauung u. s. f." „Die Vorstellung des Raumes ist daher reine Anschauung, da sie einzelne Vorstellung ist!" Der spätere Kant soll also, wenn es nach Herrn Trendelenburg geht, „repraesentatio singularis" nicht „einzelne Vorstellung" genannt haben.

Kant's Logik ist 30 Jahre später als die Habilitationsschrift. Das ist also ein recht später Kant! Dieser späte Kant sagt (I. Abschnitt von den Begriffen §. 1): „die Anschauung ist eine einzelne Vorstellung (repraesentatio singularis, der Begriff eine allgemeine (repraesentatio per notas communes)" und nennt die Begriffe, wo er von ihnen redet, „conceptus", („conceptus puri"' „conceptus dati", „conceptus factitii", „conceptus communis" u. s. f.).

Der „spätere Kant" wird also die Stelle seiner Habilitationsschrift übersetzen, wie ich sie übersetzt habe und wie die Worte verlangen": „der Begriff des Raumes ist eine einzelne Vorstellung", „der Begriff des Raumes ist daher reine Anschauung, da er ein einzelner Begriff ist."

3.

Herr Trendelenburg sagt: „Raum und Zeit sind nichts Einzelnes" (S. 29). Sie sind nicht blos etwas Einzelnes, wie jede Anschauung, sondern etwas Einziges, denn es giebt nur einen Raum und eine Zeit. Jeder Begriff, der unendlich viel Theilvorstellungen in sich enthält, ist ein einzelner Begriff, eine einzelne Vorstellung d. h. Anschauung. Wird Anschauung und Begriff, wie die kritische Philosophie fordert, genau unterschieden, so giebt es keine einzelnen Begriffe, denn diese sind Anschauungen. Die allge-

Die Brochüre entgegnet auf diesen Punkt, auf den es ihr allein ankommen musste, nichts oder nur Ausweichendes. Sie hat in ihrem Titel den Nachweis versprochen, dass der von mir dargestellte Kant nur „mein Kant", nicht der wirkliche Kant sei. Also musste sie zeigen, dass der wirkliche Kant keineswegs von der Geltung seiner transsc. Aesthetik die Möglichkeit der Mathematik abhängig gemacht, keineswegs alle vier Antinomien als indirecten Beweis seiner transsc. Aesthetik betrachtet, dass dies alles nur mein Kant thue, aber nicht der urkundliche Kant. Denn der Verfasser der Beiträge hat mir vorgeworfen, dass ich in eben diesen Punkten „weniger behutsam", „weniger vorsichtig", „weniger kritisch" die kantische Lehre dargestellt habe, als Kant selbst. Nachdem ich die urkundlichen Gegenbeweise geführt, schreibt Herr Trendelenburg eine „Entgegnung", die nichts entgegnet und macht aus der grundlosen und widerlegten Verdächtigung meines Werkes den Titel seiner Schrift.

Nun frage ich: hat diesen Titel die Wahrheit geschrieben oder der Hass?

X.
Kant's Habilitationsschrift und seine transscendentale Aesthetik.
Der von Herrn Trendelenburg entdeckte Widerspruch.

1.

In Betreff der Lehre von Raum und Zeit will Herr Trendelenburg noch einen Widerspruch, der mir verborgen geblieben sein soll oder wenigstens nicht eingeleuchtet hat, in Kant selbst aufgefunden haben. Dieser Widerspruch, den ich für keinen halte, bestehe zwischen Kant's Inauguralschrift und der transsc. Aesthetik, zwischen der Inauguralschrift und der Kritik der reinen Vernunft. Er betrifft das

Verhältniss der Zeit zu dem logischen Denkgesetze des Widerspruchs.

Doch muss ich zuvor auf einen Einwurf eingehen, den der Gegner in den „Beiträgen" gemacht und trotz meiner Widerlegung in seiner Brochüre mehrmals wiederholt hat. Er betrifft die Bedeutung der kantischen Inauguralschrift in Rücksicht auf die Vernunftkritik. Es wird mir vorgeworfen, dass ich „in der Darstellung der Kritik der reinen Vernunft die 11 Jahre früher geschriebene Habilitationsschrift, die nur die Keime der Kritik der reinen Vernunft enthält, mit der transscendentalen Aesthetik vermenge". (S. 9.) Das sei ein fundamentaler Irrthum meinerseits. „Aber Kuno Fischer beharrt auf ihm und besteht darauf, die Habilitationsschrift, die 11 Jahre vor der Kritik der reinen Vernunft erschien, mit der transscendentalen Aesthetik derselben zu vermengen". (S. 13.)

Allerdings bestehe ich darauf, dass die Habilitationsschrift „de mundi sensibilis etc." die kantische Lehre von Raum und Zeit, d. h. die transsc. Aestbetik, vollständig enthält und in ihr die Grundlage der gesammten Vernunftkritik. Die 11 Jahr sollen doch nicht dagegen beweisen? Während dieser Zeit (1770—1781) arbeitete Kant im Stillen an der weiteren Ausbildung der kritischen Philosophie. Er brauchte gegen seine eigene Erwartung so viele Jahre, um der transsc. Aesthetik die transsc. Logik hinzuzufügen. Die wenigen Briefe, die wir aus dieser Zeit haben, geben über den Fortgang Kunde. Als Kant die Vernunftkritik vollendet hatte, schrieb er den 1. Mai 1781 an M. Herz: „dieses Buch enthält den Ausschlag aller mannigfaltigen Untersuchungen, die von den Begriffen anfingen, welche wir zusammen unter der Benennung des mundi sensibilis und intelligibilis abdisputirten". Dass Raum und Zeit ursprüngliche Vorstellungen, dass diese Vorstellungen Anschauungen und keine Begriffe, dass diese Anschauungen reine Anschauungen seien: diese Lehre giebt die Habilitationsschrift, wie die Vernunftkritik in ihrer transsc. Aesthetik, beide aus denselben Gründen. Das ist nicht meine Entdeckung, sondern das hat bisjetzt jeder gesehen und behauptet, der die Entwicklungsgeschichte der kantischen Philosophie kennt. Von einem Widerspruch zwischen der Habilitationsschrift und der transsc. Aesthetik weiss Kant nichts. Wenn ein solcher Widerspruch vorhanden wäre, so würde der Einwurf Kant selbst ebenso gut als meine Darstellung treffen. Da Herr Trendelenburg den vermeintlichen Widerspruch aus der transsc. Logik zu beweisen sucht, so hätte er sagen müssen, der Widerspruch bestehe zwischen der Habilitationsschrift und der transsc. Logik. Aber er redet von einer „Vermengung" der Habilitationsschrift mit der transsc. Aesthetik, die beide in ihren Grundgedanken völlig identisch sind, also nicht „vermengt", sondern nur so geschieden werden können, dass jener in Rücksicht des Grundgedankens das Recht der Erstgeburt zukommt. Nirgends kann der Ausdruck „Vermengung" unzutreffender und unrichtiger sein, als in diesem Falle.

2.

Herr Trendelenburg hatte in den „Beiträgen" bezweifelt, dass Kant Raum und Zeit Einzelvorstellungen oder Singularbegriffe genannt habe. Ich hatte die Stelle angeführt und ihn in einer Anmerkung darauf aufmerksam gemacht. Die Stelle heisst wörtlich: „conceptus spatii est singularis repraesentatio etc." „Conceptus spatii itaque est intuitus purus, cum sit conceptus singularis etc."

Der Verfasser der Brochüre erwiedert: „der spätere Kant würde, was in der Stelle conceptus heisst, durch Vorstellung ausdrücken, und danach wird weder repraesentatio singularis, weldie obigen Beweise der vierfachen Antinomie nicht Blendwerke, sondern gründlich waren."

Kant redet keineswegs bloss von der ersten Antinomie, sondern von „der Antinomie der reinen Vernunft bei ihren kosmologischen Ideen", von den „Beweisen der Antithesis einer- und der Thesis andererseits", von den „Beweisen der vierfachen Antinomie". Er betrachtet „alle vier" Antinomien als indirecte Beweise der transsc. Aesthetik, als Beweise der Unmöglichkeit, dass Raum und Zeit etwas Reales an sich sind. Zu diesem Zweck hat Kant mit der ersten Antinomie die anderen ohne Ausnahme „zusammengerafft", wie sich die „Beiträge" etwas eilig ausdrücken.

Der Gegner sagt in seiner Brochüre (S. 6 ff.): „Kuno Fischer belehrt mich, dass der Satz Kant's: wenn die Welt ein an sich existirendes Ganzes ist, so ist sie entweder endlich oder unendlich, einen allgemeineren Sinn habe, als in der ersten Antinomie, und alle vier umfasse, was mindestens zweifelhaft ist". Also der Gegner erklärt es für „zweifelhaft", ob eben dasselbe auch Kant sagt.

Hier ist der kantische Satz. Es heisst in dem angeführten Abschnitt wörtlich: „die Welt ist kein unbedingtes Ganze, existirt also auch nicht als ein solches weder mit unendlicher noch endlicher Grösse. Was hier von der ersten kosmologischen Idee, nämlich der absoluten Totalität der Grösse in der Erscheinung gesagt worden, gilt auch von allen übrigen." Ist also die Richtigkeit meiner Belehrung noch „zweifelhaft"?

Wenn ich nun sage, dass sämmtliche Antinomien nach Kant indirecte Beweise der transsc. Aesthetik sind und sein wollen, habe ich „weniger vorsichtig", „weniger kritisch" geredet als Kant selbst, da ich doch genau die kantische Ansicht wiedergebe?

meine Logik unterscheidet die Begriffe in allgemeine, besondere, einzelne. Diesen Sprachgebrauch findet Kant vor und bedient sich desselben, um ihn zu berichtigen. Er will beweisen, dass der Raum Anschauung ist, darum nennt er ihn zuerst nach dem allgemeinen Sprachgebrauch „Begriff". Wie sollte er anders? Das thut er in der Habilitationsschrift so gut als in der transsc. Aesthetik. Denn auch die letztere überschreibt die Untersuchungen, welche zeigen sollen, dass Raum und Zeit keine Begriffe sind, „metaphysische Erörterung des Begriffs vom Raume", „transsc. Erörterung des Begriffs vom Raume", „metaphysische Erörterung des Begriffs der Zeit" u. s. f.

Da der Ausdruck erst bestimmt werden soll, so muss aus didaktischen Gründen ausgegangen werden von dem unbestimmten Ausdruck. Das geschieht in der Habilitationsschrift so gut als in der transsc. Aesthetik und kann nicht anders geschehen.

Das alles habe ich deutlich und klar auseinandergesetzt und auf die unzweideutige Stelle hingewiesen, damit der Gegner das Citat nicht vermisse. Was sagt er jetzt? Was allein übrig bleibt, wenn man nichts mehr zu sagen weiss: „da Kuno Fischer mich auf das gegebene Citat, in welchem offenbar die Ausdrücke unbestimmt sind, zurückverweist, will ich über Wörter nicht streiten." (S. 29.)

Die obige Erklärung giebt zugleich den einleuchtenden Grund, warum ich in meiner Darstellung der kantischen Lehre von Raum und Zeit die Begriffe, welche Raum und Zeit nicht sind, geflissentlich „Gattungsbegriffe" genannt habe. Weil in dem weiteren Sinne des Worts Raum und Zeit auch Begriffe genannt werden können, nämlich Einzelbegriffe (Einzelvorstellungen) oder Anschauungen. Begriff im weiteren Sinn bedeutet Vorstellung überhaupt; Begriff im engeren und eigentlichen Sinn bedeutet Vorstellung als „gemeinschaftliches Merkmal einer unendlichen Menge verschiedener möglicher Vorstellungen" d. h. Gattungsbegriff. Eine Zweideutigkeit, welche der Sprachgebrauch mit sich führt, vermeiden, heisst das Verständniss der Sache erleichtern. Und die Darstellung einer philosophischen Lehre verdient keinen Vorwurf, wenn sie diese Bestimmtheit sich zur Pflicht macht und erfüllt.

4.

Ich komme zu dem zweiten auf die Habilitationsschrift bezüglichen Streitpunkte. Es handelt sich um das Verhältniss der Zeit zu dem logischen Denkgesetze des Widerspruchs. Die Stelle der Habilitationsschrift lautet wörtlich: „die Zeit giebt zwar nicht dem Denken seine Gesetze, wohl aber stellt sie die Hauptbedingungen fest („praecipuas constituit conditiones"), unter deren Einfluss („quibus faventibus") der Verstand seine Begriffe den Denkgesetzen gemäss anwendet, wie ich denn, ob etwas unmöglich ist, nur urtheilen kann, indem ich von demselben Subjecte aussage, es sei in derselben Zeit A und Nicht-A."

Im Hinblicke auf diesen Satz sage ich in meinem Werk: „also die Zeitbestimmung ist die Bedingung, unter der allein das Denkgesetz gilt." Die „Beiträge" tadeln mich und entgegnen, dies sei falsch, denn in der obigen Stelle stehe nur, „dass die Zeit die Anwendung der Denkgesetze begünstige." (S. 250). Der Verfasser der Beiträge legt Kant etwas ganz anderes in den Mund, als dieser gesagt hat, und noch dazu etwas Sinnloses. Denn welchen denkbaren Sinn soll es haben, „dass die Zeit die Anwendung der Denkgesetze begünstige"?

Der Verfasser der Brochüre ändert nun zwar diesen Ausdruck, der Kant so unglücklich wiedergegeben hat, aber ich finde nicht, dass er die Sache besser macht. Jetzt sagt

er von der obigen Stelle: „sie spricht nur von der Anwendung, für welche die Zeitbestimmung begünstigende und vorzügliche Bedingungen biete." Was ist eine „begünstigende Bedingung"? Wo redet Kant von „begünstigenden Bedingungen"? Da doch jedermann „conditiones, quibus faventibus" übersetzen wird mit „Bedingungen, unter deren Einfluss" u. s. f.!
Es ist vollkommen einleuchtend, was die kantische Stelle will. Das Denkgesetz des Widerspruchs erklärt: es können keinem Dinge contradictorisch-entgegengesetzte Prädicate zugleich zukommen; nichts kann zugleich A und Nicht-A sein. Ohne die Zeitbestimmung „zugleich" ist das Denkgesetz geradezu falsch, denn jedes Ding kann sehr wohl contradictorisch-entgegengesetzte Prädicate haben, wenn diese einander folgen: es ist erst A, dann Nicht-A, wie ein menschliches Individuum erst jung, dann alt, aber nicht beides zugleich ist. So wird durch die Zeitbestimmung das Denkgesetz erst begreiflich, es wird durch die Zeitbestimmung erklärt.

Die Sache liegt so einfach und ist so selbstverständlich, dass schwer einzusehen ist, wie Kant jemals in diesem Punkte sich selbst sollte widersprochen haben. Doch soll es geschehen sein in der Kritik der reinen Vernunft, wie Herr Trendelenburg mit grossem Nachdruck behauptet.

5.

Und zwar findet er den Widerspruch der lediglich diesen Punkt trifft, zwischen der Habilitationsschrift und der transsc. Aesthetik, wesshalb beide nicht „vermengt" werden dürfen.

Aber in der transsc. Aesthetik (II. Abschnitt §. 5.) erklärt Kant wörtlich, dass ohne die Zeitvorstellung „kein Begriff, welcher es auch sei, die Möglichkeit einer

Verbindung contradictorisch-entgegengesetzter Prädicate in einem und demselben Objecte begreiflich machen könnte. Nur in der Zeit können beide contradictorisch-entgegengesetzte Bestimmungen in einem Dinge, nämlich nach einander anzutreffen sein." Wenn aber contradictorisch-entgegengesetzte Prädicate in einem Dinge nur möglich und begreiflich sind in verschiedenen Zeiten, so sind sie unmöglich und unbegreiflich in derselben Zeit. Beide Sätze haben vollkommen gleichen Inhalt. Ohne die Zeitvorstellung kann „kein Begriff die Möglichkeit einer Verbindung contradictorisch-entgegengesetzter Prädicate in einem und demselben Objecte begreiflich machen." Ohne die Zeitvorstellung kann daher auch kein Begriff die Unmöglichkeit einer solchen Verbindung begreiflich machen. Die Möglichkeit hängt ab von dem „nacheinander." Die Unmöglichkeit hängt ab von dem „zugleich." Ohne dieses „zugleich" kann kein Begriff die Unmöglichkeit einer Verbindung contradictorisch-entgegengesetzter Prädicate in einem und demselben Objecte, d. h. das logische Denkgesetz des Widerspruchs, begreiflich machen oder erklären.

Herr Trendelenburg wollte zwischen der Habilitationsschrift und der transsc. Aesthetik einen Widerspruch gefunden haben; er wollte diesen Widerspruch entdeckt haben in einem einzigen Punkte. Dieser einzige Punkt betraf das Verhältniss der Zeit zu dem Denkgesetze des Widerspruchs. Wir haben gezeigt, dass auch in diesem Punkte zwischen der Habilitationsschrift und der transsc. Aesthetik eine völlige Uebereinstimmung herrscht.

6.

Nun beruft sich der Gegner, um seinen vermeintlichen Widerspruch darzuthun, auf die transsc. Logik. Er hätte daher sagen sollen, dass er mit der Habilitationsschrift nicht die transsc. Aesthetik, sondern die transsc. Logik in Widerstreit finde. Dann freilich konnte er auch nicht von einer „Vermengung" der beiden ersten sprechen. Wenn er aber die transsc. Aesthetik genau untersucht hätte, so musste er seinen Widerspruch zwischen diese und die transsc. Logik, d. h. in die Kritik der Vernunft selbst, verlegen und die Habilitationsschrift ganz ausser Spiel lassen. Freilich hätte er dann auch kein Aufhebens davon machen können, dass die Habilitationsschrift 11 Jahre vor der Kritik erschienen sei, als ob in diesen 11 Jahren schon der Widerspruch stecke.

Gehen wir also auf den eigentlichen Schauplatz des Widerspruchs. Die Stelle findet sich in dem Abschnitt der transsc. Logik „von dem obersten Grundsatz aller analytischen Urtheile." Hier handelt es sich um das Denkgesetz ohne Rücksicht auf seine Anwendung, also auch ohne Rücksicht auf die Zeitbestimmung, um den Satz des Widerspruchs als „einen bloss logischen Grundsatz", der als solcher „nicht durch die Bedingung der Zeit afficirt werden", „seine Aussprüche nicht auf die Zeitverhältnisse einschränken darf." Der Satz des Widerspruchs soll so genommen werden, dass er gilt unabhängig von der Zeitbestimmung, unabhängig von der Bedingung des „zugleich." So lange nun der Satz so lautet, dass zwei contradictorisch-entgegengesetzte Prädicate nicht einem und demselben Objecte zukommen können, ist die Zeitbestimmung nothwendig. Das hat Kant in der Habilitationsschrift und in der transsc. Aesthetik erklärt; eben dasselbe erklärt er ausdrücklich an dieser Stelle der transsc. Logik. Wie sollte er anders? Er sagt ausdrücklich: „z. B. ein Mensch, der jung ist, kann nicht zugleich alt sein; eben derselbe kann aber sehr wohl zu einer Zeit jung, zur andern nicht jung d. i. alt sein." „Sage ich: ein Mensch, der ungelehrt ist, ist nicht gelehrt, so muss die Bedingung: zugleich dabei stehen, denn der, so zu einer Zeit ungelehrt ist, kann zu einer andern gar wohl gelehrt sein." Soll nun das Denkgesetz die Zeitbestimmung los werden, so muss es diese seine Formel ändern und darf nicht mehr lauten, wie bisher: dass zwei contradictorisch-entgegengesetzte Prädicate nicht demselben Objecte zukommen dürfen. Wenn das Denkgesetz heisst: kein Object darf zwei Prädicate haben, die einander widersprechen", so ist die Zeitbestimmung nothwendig. So urtheilte Kant in der Habilitationsschrift, in der transsc. Aesthetik, in der transsc. Logik. Es muss heissen: „kein˙ Object darf ein Prädicat haben, welches ihm selbst widerspricht." „Sage ich aber kein ungelehrter Mensch ist gelehrt, so ist der Satz analytisch, weil das Merkmal (der Ungelehrtheit) nunmehr den Begriff des Subjects mit ausmacht, und alsdann erhellt der verneinende Satz unmittelbar aus dem Satze des Widerspruchs, ohne dass die Bedingung: zugleich hinzukommen darf. Dieses ist denn auch die Ursache, wesswegen ich oben die Formel desselben so verändert habe, dass die Natur eines analytischen Satzes dadurch deutlich ausgedrückt wird." (Kant selbst nennt die Zeitbestimmung „zugleich" auch hier „Bedingung.")

Wo ist nun der Widerspruch? Was das Denkgesetz betrifft, welches die Verbindung zweier widerstreitender Prädicate in demselben Objecte verbietet, so sagt die Habilitationsschrift, die transsc. Aesthetik, die transsc. Logik an der angeführten Stelle vollkommen dasselbe: dieses Denkgesetz in dieser Form bedarf der Zeitbestimmung des zugleich als seiner „Bedingung." Um diese Bedingung wegzuschaffen, muss man die Formel ändern, von welcher allein die Rede war. „Darum habe ich", sagt Kant ausdrücklich, „diese Formel verändert."

Es gehört in der That kein Studium Kant's, sondern nur einige gesammelte Art des Lesens dazu, um hier keinen Widerspruch, geschweige denn einen „schreienden" zu finden. Nachdem er hier „den schreienden Widerspruch" entdeckt haben will, erleichtert sich der Verfasser der Brochüre durch folgenden unbegreiflichen Schluss: „hiernach ist der fundamentale Irrthum der Darstellung von neuem nachgewiesen." (S. 13). Weder ist ein Irrthum nachgewiesen noch ist gesagt, inwiefern der Punkt, in welchem der Gegner einen Irrthum zu finden wähnte, das Fundament der kantischen Lehre trifft.

XI.
Der richtige und falsche Gebrauch der Citate.

1.

Der Gegner hat mir vorgeworfen, dass ich die Forderung der Citate „bespöttele." Das ist nicht richtig, da ich diese Forderung selbst mache und, so viel an mir ist, erfülle. Ich würde sonst gegen den Einwurf, dass ich mich der Citate überhebe, als gegen einen völlig unbegründeten und leeren, keine Einsprache gethan haben. Indessen kommt alles darauf an, wie man die Citate gebraucht: ob man sie richtig und methodisch anwendet oder von beidem das Gegentheil thut, indem man sie durcheinander wirft. Der richtige und methodische Gebrauch nimmt jedes Citat in genauer Rücksicht auf die Stelle, wo es steht, auf den Zusammenhang, in dem es vorkommt; der unrichtige und unmethodische nimmt die Citate ohne Rücksicht auf ihren Ort und herausgerissen aus ihrem Zusammenhange. Dem Gebrauche entspricht die Forderung. Wenn man, abgesehen von dem literarischen und didaktischen Entwicklungsgange eines philosophischen Systemes, in den Schriften herumblättert und Stellen abflückt, so wird es schwerlich ein philosophisches System geben, das auf diesem Wege nicht leicht in einen Haufen scheinbarer Widersprüche verwandelt werden könnte. Unmöglich kann auf diese Weise ein System verstanden noch weniger dargestellt oder entwickelt werden. Daher ist das richtige Citiren ein kritisches Geschäft, welches das ganze und umfassende Verständniss des Philosophen voraussetzt, wogegen das blosse Citiren, das Aufschütten von Citaten, das Hin- und Herblättern und nach Stellen jagen, ich meine die Stellenjägerei, ein ebenso leichtes und unkritisches als gänzlich unfruchtbares Geschäft ist. Nur der richtige und methodische Gebrauch der Citate kann eine Lehre b e u r k u n d e n, der andere kann nur verwirren.

2.

Ich will mich an einem Beispiele deutlich machen. Der Philosoph, der ein neues System aufstellt, begründet eine neue Lehre und zieht daraus seine Folgerungen. Hier ist genau zu unterscheiden zwischen den Begründungssätzen und den Folgerungssätzen. So wenig der Philosoph die Folgerungssätze zu Begründungssätzen machen darf (er würde sonst gar nichts beweisen), so wenig darf in der geschichtlichen Darstellung eines Systems der Folgerungssatz einer Lehre da citirt werden, wo es sich erst um die Begründung derselben handelt.

Diese Lehre z. B. sei Kant's transsc. Aesthetik. Was aus dieser Lehre hervorgeht, darf keineswegs schon gelten bei ihrer Begründung. Nun legt Kant mit der transsc. Aesthetik den Grund seiner Vernunftkritik, deren ganze Summe in allen ihren Folgerungen er am Schlusse seines Werkes zusammenfasst in der transsc. Methodenlehre. „Die Disciplin der reinen Vernunft im dogmatischen Gebrauch" bildet den ersten Abschnitt der letzteren. Zwischen der Begründung der transsc. Aesthetik und diesem Abschnitt liegen sämmtliche Untersuchungen der Vernunftkritik. Nachdem bewiesen ist, dass Raum und Zeit reine Anschauungen sind, nachdem alle übrigen kritischen Untersuchungen vollendet worden, leuchtet ein, dass es eine „Vernunfterkenntniss aus Begriffen" und eine mathematische Erkenntniss aus „Construction der Begriffe" giebt. Was Kant „Construction der Begriffe" nennt, ist „Darstellung derselben in der Anschauung a priori". Also muss zuvor bewiesen sein, dass es Anschauung a priori giebt; also kann vor dieser Begründung und noch weniger zu derselben von einer Anschauung a priori oder von einer Construction der Begriffe geredet werden. Es wäre darum einer der gröbsten Fehler, wollte Kant oder ein Geschichtschreiber Kant's den Satz der transsc. Methodenlehre von der mathematischen Erkenntniss aus Construction der Begriffe vorbringen, ehe noch die transsc. Aesthetik überhaupt feststeht. Die letztere würde dann auf folgenden Beweis hinauslaufen: „weil es mathematische Erkenntniss aus Construction der Begriffe giebt, d. h. weil es Anschauung a priori giebt, oder weil Raum und Zeit Anschauungen a priori sind, darum sind Raum und Zeit Anschauungen a priori." [Vgl. oben IV. 1 S. 14. 15.]

Hier sieht man, wie ein Citat an unrichtiger Stelle nicht beurkundend ist, sondern lediglich verwirrend. Mein Gegner aber wirft mir vor, dass ich bei Begründung der transsc. Aesthetik die Folgerungen derselben in Kant's „Disciplin der reinen Vernunft" nicht beachtet und von der „Construction der Begriffe" nicht geredet habe (Broch. S. 20.) Ich habe diese Folgerungen sehr wohl beachtet und genau dargestellt an dem Ort, wo sie hingehören, nämlich in der transsc. Methodenlehre (Bd. III. 2. Aufl. S. 601—606).

So fordert der Gegner Citate. Sehen wir zu, wie er sie braucht.

3.

Er führt jene Stelle der Methodenlehre an als eine Instanz gegen den Satz, dass alle Gattungsbegriffe abstrahirt werden. Das lehrt Kant in seiner Logik; dasselbe sagt er in der Begründung seiner transsc. Aesthetik, da er jeden Begriff ein gemeinschaftliches Merkmal vieler verschiedener Vorstellungen nennt. In jenem Abschnitt aber der transsc. Methodenlehre soll Kant gelehrt haben, dass es Gattungsbegriffe giebt, die construirt werden; „die Disciplin der reinen Vernunft lasse darüber keinen Zweifel": so meint der Gegner (Broch. S. 20). Hätte Kant diess gesagt, so wäre zunächst nicht meine Darstellung mit ihm, sondern vor allem er mit sich selbst in Widerstreit. Indessen hat Kant auch in der angeführten Stelle eine solche Behauptung nicht gemacht noch machen können. Wenn man Citate unrichtig und unmethodisch aufliest, so ist ein zweiter Uebelstand, dass man sie auch falsch versteht. Ich führe den Nachweis, wie unrichtig der Gegner dieses am unrichtigen Orte aufgenommene Citat verstanden hat. Wie also verhält es sich mit der kantischen „Construction der Begriffe"?

Jeder Gattungsbegriff fordert empirische Anschauungen (sinnlich gegebene Vorstellungen), die er mittelbar oder unmittelbar unter sich begreift. Kein Gattungsbegriff ist ein einzelnes Object.

Nun sagt Kant in der angeführten Stelle: „einen Begriff construiren, heisst die ihm correspondirende Anschauung a priori darstellen. Zur Construction eines Begriffs wird also eine nicht-empirische Anschauung erfordert, die folglich als Anschauung ein einzelnes Object ist, aber nichtsdestoweniger als die Construction eines Begriffs (einer allgemeinen Vorstellung) Allgemeingültigkeit für alle mögliche Anschauungen, die unter denselben Begriff gehören, ausdrücken muss." Der construirte Begriff ist nach Kant „ein einzelnes Object"; dieses einzelne Object, weil es a priori entworfen wird, ist „allgemeingültig für alle mögliche Anschauungen, die unter denselben Begriff gehören." Es repräsentirt diese Anschauungen, es gilt für alle, es ist insofern der Repräsentant oder, wie sich Kant an derselben Stelle ausdrückt, „das Schema" des allgemeinen Begriffs; es ist keineswegs dieser Begriff selbst. Ein solches Schema, um das kantische Beispiel zu brauchen, ist das einzelne Dreieck, das ich construire, sei es in der Einbildung oder als empirische Figur auf dem Papier. „Die einzelne hingezeichnete Figur ist empirisch und dient gleichwohl, den Begriff unbeschadet seiner Allgemeinheit auszudrücken." Die Construction, welche dazu dient, den allgemeinen Begriff auszudrücken, ist keineswegs dieser allgemeine Begriff selbst. Und wie ist es möglich, dass diese einzelne Figur den allgemeinen Begriff des Dreiecks ausdrückt? Hören wir genau den kantischen Grund mit Kant's eigenen Worten: „weil bei dieser empirischen Anschauung immer nur auf die Handlung der Construction des Begriffs, welchem viele Bestimmungen z. B. der Grösse, der Seiten und Winkel ganz gleichgültig sind, gesehen und also von diesen Verschiedenheiten, die den Begriff des Dreiecks nicht verändern, abstrahirt wird."

Dass mithin dieses einzelne Dreieck, welches entweder schief- oder rechtwinklig ist und diese bestimmte Grösse hat, den allgemeinen Begriff Dreieck ausdrückt, der sowohl die schief- als rechtwinkligen Dreiecke aller möglichen Grössen unter sich begreift, ist dadurch allein möglich: „dass nur auf die Construction reflectirt und dabei von vielen Bestimmungen abstrahirt wird." So lehrt Kant wörtlich.

Das Wort „Gattungsbegriff" braucht Kant an dieser

Stelle nirgends. Aber selbst wenn er es brauchte, was giebt nach dieser Stelle den Gattungsbegriff des Dreiecks? Nicht bloss die Construction, sondern, wie Kant ausdrücklich lehrt, die Reflexion auf die Construction und die Abstraction von den vielen Bestimmungen, die zur Construction nicht wesentlich sind, gleichwohl aber dieses Dreieck zu diesem von allen übrigen unterschiedenen Dreiecke machen. Wenn das Dreieck als Gattungsbegriff genommen wird, so fordert dieser Gattungsbegriff ebenso sehr die Abstraction von gewissen Bestimmungen der Einzelvorstellung oder Anschauung, als der Gattungsbegriff Mensch. Der Unterschied liegt nur darin: dass beim Dreieck die Anschauung, in Rücksicht auf welche Reflexion und Abstraction stattfinden, eine Construction, beim Menschen dagegen eine empirisch gegebene Anschauung ist; dass ich in dem ersten Fall die Einzelvorstellung erzeuge, in dem zweiten dagegen (das Material derselben) empfange.

Der Gegner hat demnach die angeführte Stelle 1) unrichtig und unmethodisch gebraucht, da er sie an einem Orte vorbringt, wo sie noch gar nicht mitsprechen darf. 2) falsch verstanden, da er in ihr ein Zeugniss gefunden zu haben meint, dass es Gattungsbegriffe giebt, welche nicht abstrahirt, sondern bloss construirt werden. Diese Auffassung entspricht weder dem Wortlaut noch dem Sinn des Citats, vielmehr widerspricht sie beiden.

4.

Wenn man tadeln will und nicht kann, so kommen wunderliche Dinge zum Vorschein, und der Tadler, wenn er kein Kritiker ist, hat mit seinen nichtigen und falschen Einwürfen noch ausserdem Unglück aller Art. Meinem Gegner misslingen namentlich zwei Arten des Tadels: 1) wenn er im Besonderen tadelt, und 2) wenn er im Allgemeinen tadelt. Ich gebe Beispiele für beides.

Er berührt meine Darstellung der kantischen Lehre vom Gewissen, für welche das genau entsprechende Citat nicht zu vermissen war, und sagt (S. 34): „im Uebrigen halte ich die ganze Ausführung des Gewissens mit dem „„niederschlagenden Donner der Stimme"" und der „„Hölle des Bewusstseins"" für unkantisch, weil für gefärbt."
Ich weiss nicht, wie man mit dem Donner „färben" kann. Ich denke mir, der Gegner hat sagen wollen: die Ausdrücke „Donner" und „Hölle" stehen nicht in Kant; Kant würde das böse Gewissen nicht „Hölle des Bewusstseins" nennen, Kant liebt solche Farben nicht. So meint er es wirklich, denn er sagt: „die schlichte Sprache Kant's gehört auch zu Kant."
Nun will das Unglück, dass Kant sich ebenso ausgedrückt hat, nur etwas weniger „schlicht". Er sagt vom Gewissen in seiner Tugendlehre (I. Buch III. Hauptst. 2. Abschn. §. 14): „diese Selbstprüfung, die in die schwerer zu ergründenden Tiefen oder den Abgrund des Herzens zu dringen verlangt, und die dadurch zu erhaltende Selbsterkenntniss ist aller menschlichen Weisheit Anfang." „Nur die Höllenfahrt der Selbsterkenntniss bahnt den Weg zur Vergötterung." (Dieser schöne und tiefsinnige Ausdruck rührt ursprünglich von Hamann her, aber Kant hat ihn an der angeführten Stelle gebraucht, ohne Hamann zu nennen, ohne auch nur anzudeuten, dass der Ausdruck nicht von ihm selbst sei, er hat ihn gebraucht als seinen eigenen, um seinen Begriff des Gewissens dadurch zu „färben", wie Herr Trendelenburg sagt. Derselbe Ausdruck kehrt in einem ähnlichen Zusammenhange noch in einer anderen Schrift wieder.

So ist dieser Einwurf des Gegners, an sich der kleinlichsten Art, noch ausserdem auf komische Weise verunglückt und verfehlt. Er zeigt zugleich, wie wenig der Gegner Kant's „schlichte Sprache" kennt, wie wenig zu dieser Kenntniss die schätzbaren Wörterbücher helfen. Nachdem er den Feldzug gegen die „Hölle" des Gewissens so siegreich geführt hat, bestätigt er seinen Triumph mit den Worten: „dies mag genügen, um die Beschuldigung voreiliger Schlüsse und unbegründeter Einwürfe zurückzuweisen". „Die deutsche Kritik mag nun das Uebrige thun!" (S. 34.) Wenn sein Einwurf eine Bedeutung und eine Tragweite hätte, so dürfte ich kein Wort brauchen, das nicht der Philosoph, dessen Lehre ich darstelle, selbst gebraucht hat; ich hätte dann den Philosophen nicht zu entwickeln, sondern bloss abzuschreiben oder Auszüge aus ihm zu machen.

5.

Dies scheint Herr Trendelenburg in der That zu meinen, wenn anders die Gemeinplätze seines Tadels einen Sinn haben sollen. Er sagt: „eine allgemeine Bemerkung mag noch gestattet sein. Bei Kuno Fischer reden alle Philosophen in demselben Stil, in derselben Art von Frage und Antwort, in derselben Art gehäufter im Conditionalis ausgedrückter Fragen statt wirklicher indirecter (?) Beweise, in derselben bewegten und glänzenden Sprache". „Es handelt sich in dem heute vorliegenden Fall um die Einführung einer neuen Methode in die Geschichtschreibung der Philosophie, um die sich vom urkundlichen Substrat der Stellen loslösende und das System in freierer Nachbildung wiedergebende Methode, wie es sich einst um die Einführung der dialektischen Methode des reinen Gedankens in die Philosophie handelte. Ich bin in die Kritik beider eingetreten u. s. f." „Ueberdies wird diese Methode es kaum vermeiden können, alle Philosophen in einem Stil, in einer bei allen gleichen und dadurch uniformen Manier und Ausdrucksweise reden zu lassen." (Broch. S. 34 ff.)

Ich sehe, dass es dem Gegner gefällt, sich auch an meiner Schreibart zu versuchen. Was er an obiger Stelle tadelt, ist weder tadelnswerth noch verhält es sich so, wie er sagt. Es ist wahr, dass ich auch die fragende Form brauche, dass ich in Fragesätzen auch den „Conditionalis" anwende; aber es ist nicht wahr, dass ich in dieser und noch dazu derselben Art alle Philosophen reden lasse. Der Ausdruck „wirkliche indirecte Beweise" ist unverständlich und hat vielleicht das Gegentheil sagen sollen, welches letztere aber (nämlich die wirklichen directen Beweise) in meiner Darstellung keineswegs fehlt.

Wenn, nach dem bekannten Worte zu reden, der Stil wirklich der Mensch ist, so müssen die Mängel des ersten sehr eng mit jenen persönlichen Mängeln zusammenhängen, die man nicht ändern und ablegen kann, wie ein Kleidungsstück. Ich glaube, die Schreibart des Gegners wohl zu kennen, und es hat auch mich bisweilen gereizt, sie zu beleuchten, doch habe ich es unterlassen, weil es mir unrichtig schien, in einer wissenschaftlichen Polemik so nah an die Person des Gegners zu gehen. Da ich in stilistischen Fragen ihn nicht zum Rathgeber nehme, so kann ich ruhig ertragen, was er an meiner Schreibart aussetzt. Er würde gut thun, auch hier erst vor seiner Thür zu kehren, ehe er vor die meinige kommt. Freilich weiss ich schon aus den Erfahrungen dieser Polemik, dass er die eigene Leistung sehr nachsichtsvoll und schonend beurtheilt und selbst jene kleinliche und klaubrige Art, die in seiner Bekämpfung anderer gern den Schein der Genauigkeit und Strenge annehmen möchte, keineswegs gegen sich selbst kehrt. Die Brochüre bietet dafür Beispiele genug, vom Titel und Motto an bis zum Schluss. Hier ist noch ein anderes. In seinen „logischen Untersuchungen" kommt gewiss alles darauf an, wie das Verhältniss von Denken und „Bewegung" gefasst wird. Eine Verwirrung in diesem Punkte ist eine Verwirrung im Ganzen. In der That findet sich hier eine solche fundamentale Unklarheit. Bald gilt das Denken als die Bedingung der Bewegung, bald umgekehrt die Bewegung als die Bedingung des Denkens. Jetzt heisst die Bewegung „die ursprüngliche That des Denkens" (Theil I. S. 166), jetzt heisst sie „Anfang und Bedingung alles Denkens" (ebendas S. 317). Ich hatte in meiner Beurtheilung seines Werkes auf diesen Widerspruch hingewiesen. Der Verfasser der Beiträge (Th. III. S. 269 ff.) entschuldigt den Widerspruch mit einem Doppelsinn im Worte Denken und sagt leichthin: es war „ein Wortsplitter." Bei mir machte er aus dem Doppelsinn, der keiner war, nicht bloss ein Versehen, sondern ein wissenschaftliches Verbrechen der schlimmsten Art; bei ihm ist der Doppelsinn, den er eingesteht, '„ein Wortsplitter." Und nun ist nicht einmal ein Doppelsinn da, der den Widerspruch wegräumen könnte; er kann sich nicht entschuldigen mit zwei verschiedenen Arten des Denkens, denn was „Anfang und Bedingung alles Denkens" ist, kann nicht zugleich „die ursprüngliche That des Denkens" sein. In welchem Sinn das Denken, dessen ursprüngliche That die Bewegung sein soll, auch genommen werde, so verhält es sich zu allem Denken, dessen Anfang und Bedingung die Bewegung sein soll, doch offenbar wie die Art zur Gattung, nicht wie die Art zur Nebenart. Wodurch die Gattung bedingt wird, das kann nicht selbst bedingt werden durch die Art. Es war „ein Wortsplitter"! Wenn dieser Splitter in meinem Auge gewesen wäre, so möchte ich den Balken sehen, den der Gegner daraus gemacht haben würde! — Von dem Sein, als dem Gegenstande des Denkens, sagt der Verfasser der logischen Untersuchungen (Th. I. S. 133): „als ein nach aussen gleichsam ausgegossenes begegnet uns das Sein zunächst." Und er redet von schiefen Bildern, als ob die richtigen bei ihm zu Hause wären! Dasselbe ungleiche Mass und die gleiche Selbsttäuschung zeigt sich auch in der Art seines polemischen Verhaltens mir gegenüber; sein Angriff trägt den Stempel der lautern „Wahrheit", meine Erwiederung den des blossen „Hasses"; bei mir finden sich alle schlechten Geister der Polemik beisammen: „die Wortgefechte und Wortkünste, der gereizte Ton, die wendungsreiche Dialektik der Verstimmung, die artigen Versuche der Ironie, der Uebermuth der Sprache" u. s. f.; dagegen waltet in seiner Polemik der ruhige und starke Geist der Sachkenntniss, „der milde Ausdruck der Wahrheit", der ächte Geist der „Geschichtschreibung, die für das Urkundliche und Thatsächliche das zarteste Gewissen hat und die Verletzung desselben mit strengem Namen rügt." (S. 36 und 37.) Diese Polemik muss einen wohlthuenden Eindruck machen, denn „wo das Strenge mit dem Zarten, wo Starkes sich und Mildes paarten, da giebt es einen guten Klang". Diese Polemik trifft darum auch nur die Sache und nie die Person, sie hat nichts Verletzendes, und wenn sie eine schimpfliche Beschuldigung grundlos ausspricht, so muss man ihr das nicht übelnehmen, denn es war „ein milder Ausdruck der Wahrheit" und zugleich ein strenger Richterspruch jenes „zartesten Gewissens für das Urkundliche und Thatsächliche." Auch redet sie ja nicht bloss im eigenen Namen, sondern im Namen der Geschichtschreibung selbst und als Führerin der deutschen Kritik, der sie Signal und Vorbild giebt. So sieht der Gegner seine Polemik, verblendet, wie ich fürchte, durch eine zu grosse Meinung von dem Gewicht und dem Machtgebiet seiner Worte.

6.

Soll der dargestellte Philosoph lediglich „seine eigene Sprache" reden, so muss man ihn abschreiben, und da diess so unmöglich als überflüssig ist, so muss man ihn excerpiren, d. h. man muss ihn seine eigene Sprache stückweise reden lassen. Er hat nach dem Commandirstock des Darstellenden jetzt zu reden, jetzt zu schweigen. Nichts aber kann einem Philosophen seine eigene Sprache mehr verkümmern, als wenn eine fremde Hand sie zerstückelt; nie redet er weniger, wie er wirklich geredet hat, als wenn ein Anderer nach Gutdünken ihm die Stellen ausrupft und zu einer Art Referat zusammenträgt. Ein solches Referat kann im günstigsten Fall die Lecture der Schriften erleichtern oder bequemer machen, in keinem Falle den lebendigen Gedankengang des Philosophen selbst darstellen. Auch den Vortheil der ersten Art habe ich nie gefunden, und so oft ich mir bei den excerpirenden Geschichtschreibern habe Rath holen wollen, bin ich allemal leer ausgegangen. Für die Darstellung ist das Excerpiren die schlechteste aller Methoden, weil es gar keine ist. Zur einleuchtenden Wiedergabe eines philosophischen Systems giebt es nur eine wahre und fruchtbare Methode: das ist die umfassende, aus dem bewegenden Grundgedanken des Philosophen geschöpfte, auf die historisch-kritische Einsicht in den Inhalt und den Entwicklungsgang seiner Schriften gegründete Reproduction. Es ist auch die einzige Weise, um ins Klare zu kommen, wie in dem gegebenen Falle die Aufgaben der Philosophie stehen, wie sie gelöst sind, und welche neue Aufgaben sie lassen.

7.

Ob Herr Trendelenburg meine Arbeiten anerkennt oder nicht, kann mir jetzt, nachdem ich die Proben seiner Kritik bis auf den Grund kennen gelernt und beleuchtet habe, vollkommen gleichgültig sein, und er verkennt das Gewicht seiner Einwürfe, wenn er meint, dass sie mir „unbequem" waren. Wären sie es nur gewesen, so hätte ihre Widerlegung wenigstens die Zeit gelohnt, die sie gekostet! Auch hält sein Tadel nicht einmal Stand, sondern dreht sich, wie vom Winde bewegt. Zuerst sollte meine Darstellung Kant's „eine Art congenialer Variationen auf kantische Gedanken enthalten": so tadelten die Beiträge. Jetzt sind diese „Variationen" nicht mehr congenial, sie sind es „weder logisch noch ethisch": so tadelt die Brochüre (S. 35.) Meine Darstellung ist dieselbe geblieben, wie der Gegner ja selbst klagt. Was also ist inzwischen geschehen? Ich habe mir die Freiheit genommen, die Einwürfe der Beiträge zu widerlegen und in ihrer Nichtigkeit darzuthun. Ich bin also wohl ein böser Mann geworden, dessen Variationen nun mit Kant nicht mehr „ethisch-congenial" sind. Jetzt wendet sich der Wind auf der Seite des Gegners, und jenes leichte und bewegliche Ding, das ich für ein Urtheil ansehen soll, flattert herum, wie es der Wind treibt.

Ich weiss nicht, was für eine Sorte Gericht jene „wissenschaftliche Jury" sein soll, von welcher der Gegner schon im voraus die Gewissheit hat, dass ihr Urtheil gegen mich ausfallen wird, namentlich in Betreff der „tödtlichen quaternio terminorum". Herr Trendelenburg kennt auch schon den Grund meiner Verurtheilung, und ich wiederhole diesen Grund wörtlich, um den Gerichtshof zu charakterisiren, vor den er mich stellt. Er sagt: das Urtheil muss wider ihn ausfallen „trotz seines Schweigens und gerade wegen seines Schweigens". (S. 36.) Diese wissenschaftliche Jury also urtheilt: „er hat geschwiegen, darum hat er Unrecht!" So urtheilt in der Komödie der Dorfrichter Adam, aber in Wirklichkeit kein Richter, der den Namen verdient.

Nun habe ich auch auf jenen Einwurf nicht mehr geschwiegen. Da aber das Urtheil der trendelenburg'schen „Jury" schon im voraus feststeht, so muss ich Unrecht haben auf alle Fälle. So urtheilte einst das Scherbengericht, dem der Gegner das Täfelchen in die Hand drückte. Ich erkenne aus dieser Stelle von neuem, wie sehr meinem Gegner das Schweigen als ein Kriterium des Unrechts gilt. Nicht bloss, dass er für seine Person, der diese Vorstellung wohlthut, den schweigenden Gegner für den überwundenen ansieht; er spricht es unbefangen aus, dass eine „Jury", noch dazu eine „wissenschaftliche" ihn zu verurtheilen habe „gerade wegen seines Schweigens."

Hier ist der Spruch, den diese „wissenschaftliche Jury" zu fällen hat: „nach obigen Nachweisen wird es dabei bleiben: ein mit Kuno Fischer'schen Vorstellungen versetzter Kant ist nicht der urkundliche". So schliesst die Brochüre. Wie der Titel, so der Schluss. Dieses Urtheil sollte affichirt werden, und da es keine Säule dafür gab, so wurde die Brochüre geschrieben, um die Stelle der Säule zu vertreten. Was aber die „obigen Nachweise" betrifft, so war es meine Sache, mit ihnen zu thun, was ich gethan habe: es ist nicht ein einziger darunter, der stehen bleibt. Wenn nun der Gegner sagt, „er habe die Pflicht, anzunehmen, dass ich die überführten Stellen berichtigen werde", (S. 36), so hätte er zuerst die Pflicht erfüllen sollen zu überführen. Eine dieser Stellen nach der Ansicht des Gegners „berichtigen", hiesse das Verständniss der kantischen Lehre und meine Darstellung derselben von Grund aus verderben. Was er seine „Ueberführung" oder seine „Nachweise" nennt, giebt uns nichts als ein bemerkenswerthes Zeugniss, wie es in Deutschland selbst unter Fachgelehrten mit der Kenntniss der kantischen Lehre steht, gerade ein Jahrhundert nach ihrer Gründung.

Ich habe verschmäht, auf das Titelblatt dieser Gegenschrift einen Denkspruch zu setzen; aber ich kenne ein Sprichwort, an das jeder der „obigen Nachweise" mich mehr als einmal erinnert hat. Das Sprichwort sagt nicht, was man thun muss, um ein Philosoph zu werden, aber es sagt, was man in gewissen Fällen zu lassen hat, um einer zu bleiben.